Inhalt

Gründe,
im Grabe zu rotieren

... Flackernd steigt die Feuersäule / Durch der Straßen
lange Zeile / Wächst es fort mit Windeseile / Kochend wie
aus Ofens Rachen / Glühn die Lüfte, Balken krachen /
Pfosten stürzen, Fenster klirren / Kinder jammern, Mütter
irren / Tiere wimmern / Unter Trümmern / Alles rennet,
rettet, flüchtet / Taghell ist die Nacht gelichtet ...

War Friedrich Schiller der erste Katastrophenreporter?
Auf jeden Fall kennt er sich aus mit den Anforderungen an
einen solchen Text. Jedes Wort in seinem »Lied von der
Glocke« ist wohlgesetzt, die Information ist umfassend,
die Bilder stimmen. Und selbstverständlich liefert der
Dichter auch die nötige Portion Sensation.

Die Katastrophen sind seither nicht kleiner geworden,
Reporter und Journalisten haben viel zu tun in diesen Tagen. Gierig wie des Ofens Rachen fordern nicht nur die
klassischen Druckmedien immer mehr Information, um
sie zu verheizen, hinzu kommen die audiovisuellen Medien und das Internet. Katastrophenberichte werden gern
genommen, besonders wenn darin Balken krachen, die
Lüfte glühen und alles kopflos durch die Gegend rennt.

Aber das genügt nicht als Futter für das gierige Monster im Ofen. Weil das Desaster nicht in ausreichender Menge vorhanden ist, wird es mit trivialem Restmüll, *Reality* genannt, angereichert. Da wird zur Nachricht, was eigentlich niemanden interessieren dürfte, geistige Vollpfosten stürzen sich auf die Medien, dass die Balken krachen und die Fenster nur so klirren. Und weil das Medium nach neuem Futter giert, lassen auch Politiker, Prominente und andere menschliche Wesen im Glauben an ihre eigene Bedeutung flackernd ihre Feuersäule aus Banalitäten und Leerinformationen emporsteigen.

Nein, Mangel an Information ist unser Problem nicht. Neben tatsächlichen und ausschließlich verbalen Katastrophen wird mittlerweile auch die letzte Privatheit in den Rachen des Ungeheuers geworfen, *face to facebook* jammern Kinder und Männer, irren Frauen und Mütter, und je alltäglicher die Information, umso mehr wächst sie fort in Windeseile. Millionen *followers* können nicht irren, postet mehr ...

Apropos: Nein, besser sind sie nicht geworden seit Schillers Zeiten, all die Sänger des Desasters und die Barden des Trivialen. Der Schwall ihrer Worte wächst und wächst durch der Zeilen lange Straße, und was als Katastrophenbericht heute oft herauskommt, klingt zum Beispiel so:

> »... da man Menschen in dem brennenden
> Flugzeug vermutete. Glücklicherweise waren
> nur Putzfrauen an Bord.« *Moosburger Zeitung*

Man weiß nicht genau, wo Friedrich Schiller begraben liegt, in Weimar oder in Bonn. Ein guter Weg, es herauszufinden, wäre, obigen Putzfrauen-Text auf dem Friedhof laut zu verlesen. Schiller würde im Grabe rotieren.

Wenn die Sprache
Fallen stellt

Beginnen wir sozusagen mit der Morgenzeitung. Das gedruckte Wort hat noch immer mehr Gewicht als das gesprochene, heißt es gemeinhin – auch wenn die Zeiten, in denen man sich mit der Zeitung gemütlich am Frühstückstisch niederließ, um sich via Papier zu informieren, dank Tablet-PC und Online-Überinformation vielerorts der Vergangenheit angehören. Wenn man schon Zeitung liest, erwartet man jedoch von den Ergüssen der schreibenden Zunft ein gewisses Maß an Qualität, wenn es sich denn nicht gerade um ein Revolverblatt handelt. Zumal ein ganzer Stab von Mitarbeitern daran beteiligt ist, Fehler auszumerzen – von den korrigierenden Computerprogrammen ganz zu schweigen. Und doch schleicht sich immer wieder der eine oder andere Fauxpas in die täglichen Meldungen ein.

Mit den folgenden sprachlichen Kostbarkeiten erfreuten Journalisten in gedruckten Medien ihre Leser und Abonnenten:

»Die meisten Hunde begrüßten den Schirm-
herrn der Ausstellung, Herrn Bürgermeister
Schulze, mit freudigem Schwanzwedeln.
Unser beliebtes Stadtoberhaupt erwiderte
den Gruß mit derselben Herzlichkeit!«
Aus einem Bericht über eine Hundeschau

»160 Häftlinge warten auf den Tag der
offenen Tür.« *Hamburger Abendblatt*

»An einem Gebiss hatte das Fundamt lange
zu knabbern.« *Starnberger Tagblatt*

»Briefkastenleerung in Neuß: Fast alle
Fahrer kamen pünktlich zu spät.«
Aus dem Kölner Stadtanzeiger

»Im fränkischen Hexenkessel wurde nicht
nur viel Schweiß, sondern auch ein paar
Zähne vergossen.« *Südwest Presse, Ulm*

»Auf jeden Grafschafter Kopf fallen
288 Eier pro Jahr.« *Grafschafter Nachrichten*

»Deutsche Regierung verlängert Kurz-
arbeit« *Schlagzeile auf www.presse.com*

»Rund 700 Pfund wiegt dieser 2-Zentner-
Mann.« *Hessische Allgemeine Zeitung*

»Empörte Bauern aus Diepholz trieben
Schweine vor den Bundestag. Landwirt-
schaftsminister Borchert sprach mit ihnen.«
Wolfsburger Nachrichten

»Politisch motivierte Gewalttaten sind in
Bayern um 11,4 Prozent zurückgegangen.
Die demokratische Grundordnung sei da-
durch nicht gefährdet, meint Innenminister
Günther Beckstein.« *Mittelbayerische Zeitung*

VIP–Sein schützt vor Schwachsinn nicht

Schöne Prinzessinnen und attraktive Thronfolger, skandalumwitterte Prominente und nicht zuletzt unsere modernen Gladiatoren, die Fußballer: Sie alle halten die Journaille beschäftigt und dienen dazu, dem Durchschnittsmenschen ein wenig Glanz in seine bescheidene Behausung zu bringen. Da wird frei erfunden, so manche Ente in die Welt gesetzt und selten gewissenhaft recherchiert – geschweige denn redigiert. Hauptsache, die Meldung sitzt. Dabei sind es nicht nur die schillernden Stars der Society, die für die Glamour-Sparte herhalten müssen ...

>»Auch seine beiden Söhne hat Saddam
Hussein sehr gern. Er nahm sie schon als
6-Jährige zu Hinrichtungen mit.« *Die Bunte*

Schon merkwürdig, dass es gewöhnliche Menschen mit rotem Blut so brennend interessiert, was die Blaublütigen dieser Welt erleben oder was ihnen zustößt.

Seit dem 9. November 1918 haben wir Deutschen es nun ohne Kaiser ausgehalten, und so richtig vermisst hat ihn doch keiner – möchte man meinen. Aber das Bedürfnis der Leser nach Klatschgeschichten aus der Welt der Adligen erzählt eine ganz andere Geschichte. Dabei müssen es nicht mal die sonst so aufmerksamkeitsträchtigen Meldungen der Rubrik Sex & Crime sein, um Leser oder Zuschauer anzuziehen.

Apropos: Es sind nicht nur ältere Zeitgenossen, die vom Glanz des Adels geblendet werden. Schon die Jugend interessiert sich brennend für die Probleme der Aristokratie, wie das folgende Beispiel uns zeigt:

> »Die Periode der Königin Elisabeth dauerte 30 Jahre.« *Aus einem Schüleraufsatz*

Kurzum: Wenn es um die Blaublütigen dieser Welt geht, wird aus einem an sich alltäglichen Ereignis schnell eine Schlagzeile. Und auch die letzten Dinge sind noch gut für eine Meldung.

>>Bleich kam die Monarchin in dem Hotel an, in dem die drei Toten sie beschützen sollten.<< *tz, München*

- - - - - - - -

>>Das beliebteste Mitglied der königlichen Familie starb im Alter von 1001 Jahren im Beisein ihrer Tochter Elizabeth.<<
Unbekannte Radiomoderatorin

Doch auch die lebenden Aristokraten sind immer für einen unvergesslichen Satz gut:

>>Auf Muttis Schoß fühlt sich der 24 Monate alte Prinz genau so sicher wie sein Vati.<<
Bild

- - - - - - - -

>>Im August vorigen Jahres stellte man innerhalb der Mauern einen Mann, der angab, in Prinzessin Anne verliebt zu sein; man hielt ihn für geistesgestört.<<
Frankfurter Allgemeine Zeitung

- - - - - - - -

»Auch die Fürstin von Bismarck hat Butler Harry in allerbester Erinnerung: Eine wundervolle Hausfrau. Sie kümmert sich um nichts.« *Bild*

\- - - - - - - -

»Die Queen, die reichste Frau Deutschlands ...« *Thomas Ohrner in Lass Dich überraschen/ ZDF*

▬▬▬ ... und ohne Krone

Wenn die alltäglichen Meldungen aus monarchistischen Kreisen so gar nichts hergeben, müssen die gewöhnlichen Prominenten für die Unterhaltung der Leser und Zuschauer als Ersatz genügen. Auch sie haben einiges an Sensationen zu bieten, besonders dann, wenn dem Journalisten im übertragenen Sinne die Feder ausrutscht.

>>Curd Jürgens zahlte zähneknirschend sein Gebiss.<< *BZ Berlin*

>>Andre Agassi verabschiedet sich von Hannover mit einem tränenden und einem weinenden Auge.<<
ZDF-Sportreporter Rudi Cerne beim ATP-Finale

>>Trost-Prost: Sorgerecht verloren – Britney Spears feiert<< *Der Spiegel*

Unsere Fußballer sind seit Langem ein fester Bestandteil der Unterhaltung, und das nicht nur auf dem Rasen:

> »Auch Lothar Matthäus wünscht sich ein
> Baby. Aber er will sich nicht helfen lassen.«
> *Bild*

Vielleicht kann Kollege und Torjäger Ferdi Bobic ein paar Tipps geben …

> »Bobic trifft zur Zeit, wie er will.
> Sogar seine Freundin ist schwanger.«
> *Berliner Zeitung*

Brennend von Interesse: das Auto

In der Beliebtheitsskala ganz oben, gleich nach den Fuß-
ballern und den Adligen, steht das Auto. Vom Neuwagen
bis zum brennenden Wrack: Alles, was rollt, ernährt die
Gilde der Berichterstatter. Es gibt Autozeitschriften, Auto-
magazine im öffentlich-rechtlichen und privaten Fernseh-
programm sowie zahllose Internetseiten, vom unerschöpf-
lichen Fundus der Kleinanzeigen ganz zu schweigen. Dass
bei dieser Menge an Informationen der eine oder andere
Ausrutscher unterläuft, scheint unabdingbar.

Beginnen wir mit einem textlichen Lapsus, der dem Autor während der Arbeit am vorliegenden Buch beinahe unterlaufen wäre:

> »Autos interessieren die Mobilität liebende
> Nation Deutschland brennend.«

Nachtfahrverbot auch tagsüber

Autos dienen als Statussymbole, haben eine rassige Karosserie, wie uns so manche gerade eben noch jugendfreie Werbeanzeigen beweisen, und sie verursachen Katastrophen – kein Wunder, dass sie auch des Journalisten liebstes Kind sind. Schnell ist da eine Stilblüte in die Welt gesetzt.

»Bäume statt Autos – dieser Albtraum
gehört jetzt der Vergangenheit an.«
Schwabinger Anzeiger

- - - - - - - -

»Autofahrer, die einen Unfall verursachen,
haben meist selbst schuld.« *Die Welt*

- - - - - - - -

»Es herrscht Nebel mit Sichtweiten unter
50 Meter. Also Hände weg vom Gaspedal!«
Radio Hamburg

- - - - - - - -

»Kindergarten wächst: Sieben neue Park-
plätze vor der Tür.« *Neumarkter Tagblatt*

»Achtung, Nebelwarnung an alle Autofahrer. Die Sichtweiten in unserem Sende-
gebiet betragen nur bis zu 50 Meter. Dies
gilt für beide Richtungen.« *Hessischer Rundfunk*

»Nachtfahrverbot auch tagsüber.«
Sylter Nachrichten

Wissen Sie übrigens, weshalb das Auto als individuelles
Verkehrsmittel so beliebt ist? Bei der unmotorisierten Kon-
kurrenz sieht es mit dem Service zeitweise sehr schlecht
aus, denn ...

»Die Händler haben im Frühjahr nur
beschränktes Personal ...« *Bericht über Fahrrad-*
reparaturen in der Aktuellen Stunde/WDR

Hauptsache, Crash –
Katastrophen, Unfälle
und Kollisionen

Man lebt gefährlich – davon zeugen schon die Nachrichten. Vom extremen Unfall, hastig auf Video aufgenommen, dann hübsch mit Musik unterlegt und ins Internet gestellt, bis hin zum viel zitierten Ausrutscher auf dem Parkett: Unfallfrei den Tag zu beschließen grenzt oft schon an eine Meisterleistung. Gut, wenn man noch mal davongekommen ist, denkt sich so mancher, der die Nachrichten konsumiert. Diese sind bekanntlich voll von Katastrophenmeldungen. Schließlich müssen Einschaltquoten und Verkaufszahlen stimmen. Die Lust unserer Mitmenschen am Untergang und die voyeuristische Begeisterung für Katastrophen und Unfälle bekommen einen besonderen Kick, wenn sich in die Berichterstattung auch noch sprachliche Desaster einschleichen ...

»Es war der 19. Tote. Auch er hat nicht
überlebt.« *Brisant/ARD*

Drama fahrplanmäßig –
die ganz großen Katastrophen

Seien es Naturkatastrophen oder Verkehrsunfälle: Aller Hochtechnisierung zum Trotz erleben wir nur zu oft, dass die Kontrolle über das Leben nicht bei uns selber liegt und der Begriff »Sicherheit« ziemlich relativ ist. Neben der typischen Sensationsgier macht sich da Verunsicherung breit, die Leute reagieren erschüttert. Sind zahllose Menschen von einem Unglück betroffen, so lähmt dies offenbar die Formulierkunst:

>»Rakete verfehlte Atomkraftwerk: Wie
>konnte das passieren?« *Hamburger Abendblatt,*
>*gefunden im Hohlspiegel*

- - - - - - - -

>»Der Norden Irans ist von einem Erdbeben
>verschluckt worden ... äh ... erschüttert
>worden, pardon ...« *Nachrichtensprecher im Radio*

- - - - - - - -

>»Das Oder-Hochwasser – die größte Kata-
>strophe seit der Wiedervereinigung ...«
>*Ländermagazin Guten Abend/RTL*

- - - - - - - -

»Beinahe-Kollision zweier Züge in letzter
Sekunde verhindert.« *WDR*

- - - - - - - -

»Das Drama bei der Bundesbahn ereignete
sich fahrplanmäßig.« *Braunschweiger Zeitung*

- - - - - - - -

»Die Rastätter Feuerwehr löschte den
Brand. Deshalb dürfte der Schaden sehr
groß sein.« *Badisches Tageblatt*

- - - - - - - -

»Am Frankfurter Flughafen fielen heute
etliche Flüsse aus …« *Tagesschau/ARD*

- - - - - - - -

»Die zehn Verletzten wurden ins Kranken-
haus gebracht. Elf wurden inzwischen
wieder entlassen.« *Die Rheinpfalz*

Das höchsteigene Desaster

Bei der Vielzahl an Katastrophenmeldungen, die weltweit in Berichte gefasst werden, sollte man annehmen, dass der alltägliche kleine Schrecken die Profis nicht mehr verwirren kann. Irrtum, auch der Horror eines Einzelnen schlägt aufs Sprachzentrum:

>>Anscheinend ist die Leiche die Böschung hinaufgeklettert und dabei verunglückt.<<
Heidelberger Tagesblatt

- - - - - - - -

>>Ein schlimmer Unfall. Aber Gott sei Dank kein so schlimmer Unfall.<< *Max Schauzer im Fernsehgarten/ZDF*

- - - - - - - -

>>Der Eingeäscherte wurde so schwer verletzt, dass er in ein Krankenhaus gebracht werden musste.<< *Neue Ulmer Zeitung*

- - - - - - - -

»Er krachte frontal gegen einen Baum. Das Fahrzeug wurde durch den Aufprall zurück auf die Fahrbahn geschleudert. Der junge Mann wurde von seiner 19-jährigen Lebensgefährtin begleitet.« *Moosburger Zeitung*

- - - - - - - -

»Der Fahrer, der bei dem Unfall nicht verletzt wurde, starb an der Unfallstelle.« *tz, München*

- - - - - - - -

»In Baden-Württemberg ist ein Hubschrauber auf die Autobahn 5 bei Bühl gestürzt. Die beiden Insassen kamen ums Leben. Die Polizei sprach von einem Wunder, dass kleine Autos in das Wrack des Hubschraubers fuhren … dass keine Autos in das Wrack des Hubschraubers fuhren …« *WDR 2*

- - - - - - - -

»Der Pilot war sofort tot. Verletzt wurde bei dem Unglück jedoch niemand.« *Tagesthemen/ARD*

Tote Leichen und spitze Schreie

Das Verbrechen lockt, und zwar nicht nur den Kriminellen, sondern Tag um Tag Millionen von Lesern und Zuschauern an die Zeitungskioske oder vor die Bildschirme. Ganz offenbar faszinieren uns die dreisten Überschreitungen der unausgesprochenen Regeln und ausgeklügelten Gesetze, die unser Zusammenleben sichern sollen. Dass die Schwere der Tat, über die berichtet wird, manchmal geringer ist als das Sprachverbrechen des Berichtenden, darüber spricht außer uns niemand. Beginnen wir mit einem sprachlichen Doppelmord:

> »Die Diebe kommen am hellen Tag,
> die Polizei tappt im Dunkeln.« *Die Zeit*

- - - - - - - -

> »100 000 Glühbirnen entwendet. Die Polizei
> tappt im Dunkeln.« *Nachrichten im Radio*

Und wenn die Täter dennoch mal erwischt werden, berichtet die Presse über eine fürsorgliche, geradezu traumhafte Gesundheitsvorsorge:

>»Sinn der Untersuchung ist es herauszufinden, ob der Delinquent die Hinrichtung psychisch und körperlich durchstehen kann.« *Gehört in K1 – Die Reportage*

Doch davon muss unsere Welt nicht untergehen

Die Vielfalt der Verbrechen kennt offenbar keine Grenzen. Betrachtet man die einzelnen Meldungen, kann man kaum umhin, die kriminelle Energie angesichts ihrer Kreativität zu bestaunen. Einschlägige Meldungen aus den Dezernaten »Eigentumsdelikte«, »Drogen- und Suchtmittel«, »Allgemeine und Straßenkriminalität« sowie »Geiselnahme und Terrorismus« und – nicht zu vergessen – die beliebte Abteilung »Mord und Totschlag« geben da so einiges her. Besonders beliebt aber, da pikant, die »Sitte«.

> »Bei Sex-Party Nacktem in die Tasche gegriffen.« *Saarbrücker Zeitung*

> »Unter den Augen vieler Zuschauer versuchte er, die Frau vor der Autobahnbrücke zu missbrauchen. Die Polizei kam ihm zuvor.« *Wetzlarer Neue Zeitung*

> »Als er den Verlust bemerkte, war der Fotoapparat weg.« *Westfalenblatt*

»Am Morgen des 20.08.08 wurde um
08.00 Uhr beim Fahrradverleih Wenning-
stedt auf Sylt ein anscheinend in der Nacht
verübter Eibruch bemerkt.«

www.sylter-nachrichten.net, 21. August 2008

- - - - - - - -

»Es gibt vollschlanke Ladendiebinnen, die
einen kleinen Fernseher geschickt zwischen
den Beinen platzieren können ...«

Frankfurter Allgemeine Zeitung

- - - - - - - -

»Im Handschuhfach wurden 650 DM
Bargeld und verschiedene Personen auf-
gefunden.« *Mannheimer Morgen*

- - - - - - - -

»1,6 kg Heroin entdeckten die Zollbeamten
im doppelten Boden eines 27-jährigen
Chinesen.« *Frankfurter Allgemeine Zeitung*

- - - - - - - -

»Die Kriminalpolizei rät: Informieren Sie
sich über Rauschgift, sprechen Sie mit
Ihren Kindern.« *Darmstädter Echo*

- - - - - - - -

»In Magdeburg griffen Jugendliche
einen Punk mit Basketballschlägern an.«
heute-journal/ZDF

- - - - - - - -

»Schon wieder ist in Brandenburg ein
Gefängnis aus dem Knast ausgebrochen.«
18:30/SAT.1

- - - - - - - -

»150 Meter weiter auf der anderen
Straßenseite sind gerade drei Polizeibusse
vorgefahren ... und ein weißer Polizeibus ...
und dort haben sich die Geiselnehmer
gerade in die Hände der Polizei über-
geben.« *Brisant/ARD*

- - - - - - - -

»Die Mordkommission schließt nicht aus,
dass die bei Hannover gefundenen Teile
eines menschlichen Körpers zu einer Leiche
gehören.« *Gefunden auf www.nzz.ch*

- - - - - - - -

»Die verschwundene Tote ist der Nähr-
boden für Gerüchte und Spekulationen.«
Reporterin von SAT.1

- - - - - - - -

»Der Tote, der am Freitag gefunden
wurde, liegt jetzt als Leiche in der Gerichts-
medizin.« *WDR 2*

- - - - - - - -

»Die Opfer legten den Täter in den
Kofferraum und zündeten das Auto an.«
Punkt 12/RTL

- - - - - - - -

»Auf den Falkland-Inseln gibt es nur
wenig Abwechslung für die Bewohner.
In den vergangenen 25 Jahren hat es
nur einen Mord gegeben.« *Abendzeitung*

- - - - - - - -

»Elizabeth Throckmorton ließ den abge-
hackten Kopf ihres Gatten Raleigh ein-
balsamieren und führte ihn die letzten
zwanzig Jahre ihres Lebens in einem roten
Lederbeutel mit sich. Das hört man von
Witwen heutzutage selten; sie sind wie unsere Kinder Produkt ihrer Zeit. Doch davon
muss unsere Welt noch nicht untergehen.«

Bild, gefunden im Hohlspiegel

Hin und wieder aber ist es gar kein Kapitaldelikt, das einer
Meldung würdig ist:

»Als Motiv der Tat wird Selbstmord ange-
nommen.« *dpa*

- - - - - - - -

»Maurermeister suchte den Freitod –
noch nicht gefunden.« *Westfalenblatt*

Manchmal allerdings wirken ganz andere Energien, wo
kriminelle Hintergründe vermutet werden ...

»Die Polizeibeamten waren durch spitze
Schreie auf eine Schreckenstat gefasst,
mussten jedoch das Gegenteil erkennen.«

Sylter Nachrichten

Die Spannung steigt

Wenn Nachrichten, Börsen-News und das Wetter den un-
geliebten Vorspann für den TV-Kinoabend bilden, hört
man gern mal nur mit halbem Ohr hin und entspannt sich
stattdessen auf dem Relaxsessel mit Heiz- und Massage-
funktion. Das gesprochene Wort schwebt unterdessen
durch das eine Ohr herein und das andere wieder hinaus.
Nichts bleibt hängen ... es sei denn, da war etwas Unge-
wöhnliches! Dann möchte man plötzlich den Augenblick
festhalten, kann sich jedoch im Regelfall nicht ein zweites
Mal vor Augen – oder Ohren – führen, was da gerade die
Aufmerksamkeit geweckt hat. Es sei denn, man wäre Be-
sitzer eines Festplattenrecorders, der zeitversetztes Zu-
schauen unterstützt. Oder die betreffende Sendung wurde
aufgezeichnet. In diesem Fall landen Patzer oder Versprecher schnell als Videoclip im Internet – letztlich die digi-
tale Essenz der multimedialen Überinformation.

Doch nicht nur der Zuschauer schaltet beim Medien-
konsum auf Durchzug. Auch die Profis kennen das: Irgendwann vergisst man einfach, dass es da eine Kamera und
ein Mikro gibt und dass man sich in einem öffentlichen
Raum mit Tausenden oder gar Millionen von Zuschauern

befindet. In der Tat ist es nicht weiter schlimm, was mehr oder weniger prominente Zeitgenossen vor der Kamera zum Besten geben, denn richtig hinhören tut ja ohnehin kaum jemand. Schließlich haben die Verantwortlichen der Sendeanstalten hart daran gearbeitet, das Niveau weiter zu senken und das Programm so spannungsarm wie möglich dahinplätschern zu lassen. Doch das mögen manche noch immer nicht glauben, und deshalb wird auch schon mal vielversprechend verkündet:

>>In diesen Sekunden erleben wir spannende Minuten.<< *Bodo Morawe/ARD*

Dort börnt die Buse

Von Nachrichtensprecherin erwartet der Zuschauer die höchste Stufe der Seriosität. Deshalb ist die Überraschung – wie auch die Begeisterung – besonders groß, wenn der steril-perfekten Person vor der Kamera oder dem Mikrofon des Nachrichtenstudios ein Fauxpas unterläuft. Das potenzielle Chaos beginnt schon mit der Zeitansage und setzt sich sodann im gesprochenen Nachrichtentext fort.

»Es ist genull nau Uhr!«
Nachrichtensprecher im Südwestfunk

- - - - - - - -

»Es ist jetzt 19 Uhr 95, Radio Niederösterreich mit dem schnellsten Verkehrs-
hinweis ...« *Radio Niederösterreich*

- - - - - - - -

»Ein Blick auf die Uhr, es ist neun Uhr
dreiundsechzig.« *Zeitansage im Radio,
Sender leider unbekannt*

- - - - - - - -

»Freiburg-Wolfsburg 3 : 2, Frankfurt-
Stuttgart 0 : 2 und Bochum-Köln 4 : 0.
Die Zeit: Es ist 0 : 3.« *Radio Brandenburg,*
Zeitansage um 0.03 Uhr

- - - - - - - -

»Es ist jetzt 5 Uhr 49. Also eine Minute vor
zehn Minuten vor 6 Uhr.« *Radiosender Eins-Live*

- - - - - - - -

»In Bonn zugeschaltet ist der Versprecher ... der Sprecher des Verteidigungs-
ministeriums, Hans-Dieter Wichter ...«
Tagesschau/ARD

- - - - - - - -

»Ich grüße Sie, liebe Nachrichten ... äh,
Zuschauer ...« *Sprecher auf N24*

- - - - - - - -

»Der tschechische Präsident ... Ministerpräsident Klaus hat empört auf die Äußerungen von Bundesfinanzminister Waigel beim traditionellen Pfingstfressen ... Pfingsttreffen der Sudetendeutschen in Nürnberg reagiert.« *Antenne Bayern*

»Werfen wir einmal einen Blick auf Manila, denn dort börnt die Buse!« *NTV-Nachrichten, sollte wohl heißen: Boomt die Börse ...*

»Konklave wählt Kardinal Ratzinger zum neuen Papst. Teufel reicht Rücktrittsgesuch ein.« *SWR-Nachrichten am 19. April 2005, dem Tag, an dem Ministerpräsident Erwin Teufel seinen Rücktritt bekannt gab*

»Bundeskanzler Faymann dachte laut über die Förderung der Autozulieferindustrie und Verschrottungsprämien für Konsumenten nach.« *Zeit im Bild/ORF 2*

»Die Sonnenfinsternis bringt Dinge
ans Licht, die sonst verborgen bleiben.«
Zeit im Bild/ORF 2

- - - - - - - -

»Vielen Dack ... vielen Dank, Uli Gack ...«
ZDF-Nachrichtensprecherin zu einem Korrespondenten

- - - - - - - -

»Eine mittelprächtige Sensation hat
sich hier in der Universitätsfrauenklinik
ereignet, in der Josef-Schneider-Straße in
Würzburg, hier sind nämlich Fünflinge
auf die Welt gekommen, drei Jungen und
ein Mädchen. Die vier kleinen Kinder
werden jetzt mit Brutkästen in die
Universitätskinderklinik gefahren ...«
Wohl an Diskalkulie leidender Rundfunkreporter

- - - - - - - -

»Dem Baby 2000 winken Werbeverträge
und freie Windeln bis ins hohe Alter.«
*Beitrag im heute-journal über den Millennium-Baby-
Boom/ZDF*

- - - - - - - -

»Der Einsatz von Schweizer Soldaten im Kosovo soll bis Ende 2011 verlängert werden. Die Kommissionsmehrheit ist überzeugt, dass der Einsatz im Rahmen der Friedenstruppe KFOR zur Stabilität auf dem Balkan beiträgt.« *Echo der Zeit/*
Schweizer Radio DRS

»Vize-Meier ... Vizekanzler Steinmeier trat heute in den Ring ...« *Petra Gerster/ZDF in den Nachrichten über den Start zum Wahlkampf 2009*

»Barack Obama, der erste afroamerikanische Präsident im schwarzen Haus ...«
Zeit im Bild/ORF2

»Am vierten Tag nach der Währungsumstellung hat sich der Euro bereits weitgehend eingebürgert. Jeder zweite Kurde za... jeder zweite Kunde zahlt nach Angaben des Einzelhandels bereits mit der neuen Währung.« *Tagesschau/ARD*

»Explosion einer Atombombe ...
Verzeihung ... Autobombe in Algier ...«

Unbekannter Radiomoderator

»Die Unregelmäßigkeiten bei der Parteien-
finanzierung seien bei der CDU auch nach
dem Ausscheißen ... Ausscheiden von ...«

Ulrich Wickert in den Tagesthemen/ARD

**Und zum Schluss ein wichtiger Verkehrs- respektive Ver-
kehrthinweis:**

»Die A2 Luzern Gotthard ist zwischen
Dreieck Altdorf und Göschenen in beiden
Richtungen wegen Durchfalls ... für Lkw
gesperrt.« *SWR*

... und der Segen von höchster Stelle:

»Zum Abschluss der Messe auf dem
Petersplatz spendete der Papst den traditionellen Segen *Urbi et Orbi*, der Stadt
und dem Erftkreis ... Erdkreis.«

Deutsche-Welle-Nachrichtensprecherin

Besondere Moderatorenleistungen

Talkshows haben das Flair des Spontanen, Unverstellten. Immerhin sollen die Zuschauern glauben, dass sie Zeuge eines direkten Gesprächs sind. Die Gäste wissen nur selten, was da an Fragen auf sie zukommt – schließlich möchte man, dass sie möglichst natürlich rüberkommen und die Antworten nicht einstudiert wirken. Der Einzige, der weiß, wo's langgeht, ist der Moderator – sollte man meinen. Dennoch sind es gerade die Medienprofis, die zur Begeisterung des Publikums scheitern – und Profis scheitern besonders grandios.

> »Time is money, wie der Franzose sagt.«
> *Bettina Böttinger im Special Tour de France*

Keine schöne Kindheit

Ganz klar: Mitleid und Betroffenheit machen Quote. Zuschauer und Zuschauerinnen fühlen intensiv mit den Gästen einer Talkshow, deren Moderator es versteht, zwischenmenschliche Themen anzusprechen.

>»Tom hatte keine besonders schöne
>Kindheit – er ist Holländer.«
>*Kai Pflaume in Nur die Liebe zählt/SAT.1*

- - - - - - - -

>»Wenn jemand 25 Jahre lang exzessiv
>trinkt – ich finde das toll!«
>*Vera Int-Veen in ihrer Talkshow/SAT.1*

- - - - - - - -

>»In meiner Kindheit hat es mir an nichts
>gefehlt, aber ich musste auf vieles
>verzichten.« *Patrick Lindner bei Riverboat, MDR*

Verwirrung auf der ganzen Linie

Wörter haben die unangenehme Eigenschaft, dass sie kaum wieder einzufangen sind, wenn sie einmal dem Mund des Sprechers entkommen konnten. In dem Augenblick, in dem das Gehirn des Sprechers die geäußerten Worte verarbeitet hat und eine kritische Selbstkontrolle einsetzt, ist im Falle eines Fauxpas längst alles zu spät. Da heißt es für den Profi Augen zu und durch – wenn er denn überhaupt merkt, welchen Unsinn er da gerade von sich gegeben hat.

»Solche Berge gibt es nur in den Bergen.«
Gunther Emmerlich in Zauberhafte Heimat/ARD

- - - - - - - -

»Sie sagen, der Schlangenbiss sei tödlich.
Wie tödlich?« *Jürgen Fliege in seiner Show/ARD*

- - - - - - - -

»Sie hatten drei Flugzeugabstürze,
drei schwere Autounfälle. Alles überlebt?«
Oliver Geissen zu Gotthilf Fischer in Big Brother/RTL

- - - - - - - -

»Sie erinnern mich an jemanden,
den ich gar nicht kenne ...«

- - - - - - - -

»Ich kann's von hier aus nicht sehen,
aber es sieht gut aus.«

Linda de Mol beim Domino Day/RTL

- - - - - - - -

»Die drei deutschen Tenöre singen a
capella, also mit ohne alles.«

Carmen Nebel beim Sommerfest der Volksmusik

- - - - - - - -

»Es ist nicht nur optisch ein Genuss,
sondern auch ein Riesenvergnügen,
das zu sehen!«

Harry Wijnvoord in Leben und Wohnen/tm3

- - - - - - - -

»Du hast ein Schuhgeschäft.
Was verkaufst du da?«

Familienduell-Moderator Werner Schulze-Erdel

- - - - - - - -

»Er hat mir gedroht, mich umzubringen!« –
»Und hat er seine Drohung wahr gemacht?«
Bärbel Schäfer/RTL

»Dann gehe ich in einen Bioladen, da sind
die Eier auch freilaufend.« *Jürgen Fliege*

Die nicht bis fünf zählen können

Gewiss: Ein Moderator sollte nicht auf den Mund gefallen sein. Komplexe Verknüpfungen zwischen Denkgeschwindigkeit und Zahl scheinen die Fehlerquote allerdings dramatisch zu erhöhen. Kurz gesagt: So manch einer kann schneller sprechen als rechnen ...

»Ach, und ihr seid auch gleich alt?«
Bärbel Schäfer im Gespräch mit Zwillingen

- - - - - - - -

»Meine ersten beiden Gäste sind zu dritt gekommen.« *Hans Meiser in seiner Talkshow/RTL*

- - - - - - - -

»Mein Ring ist ein Unikat – meine Frau hat genau den gleichen.« *Oliver Geissen in Exclusiv – Weekend/RTL*

Ausrutscher mit sanitärem Nebenklang

Moderatoren, Redakteure und Journalisten sollten die in der psychiatrischen Fachliteratur häufig angesprochene anale Phase der frühkindlichen Entwicklung besser abgeschlossen haben, bevor sie auf ihr Publikum losgelassen werden. Anderenfalls suchen sich nämlich die unterdrückten Emotionen und Bedürfnisse auf dem Wege der Sprache angemessene Entlastung, wie die folgenden Zitate uns zeigen:

> »Die Kastelruther Spatzen schaffen es,
> ganz allein die Bühne vollzumachen.«
> *Moderator Michael Thürnau beim Festival*
> *der Volksmusik/NDR*

- - - - - - - -

> »Acht Stadien wird dieser Mann nächstes
> Jahr vollmachen!« *Jürgen von der Lippe über*
> *Marius Müller-Westernhagen*

- - - - - - - -

> »Ich möchte gerne noch einen Gast herein-
> bitten, der diesen Stuhl hier vollmacht.«
> *Jörg Pilawa in seiner Talkshow/SAT.1*

- - - - - - - -

»Bereits nach kurzer Zeit war dann die Tanzfläche voll und die Musikgruppe ›Waidler Power‹ lieferte dazu die richtige Musik.« *Straubinger Tagblatt über den Prosdorfer Feuerwehrball*

Und hier noch der Moderatorennachwuchs:

»Der Zug hielt mit kreischenden Bremsen und die Fahrgäste entleerten sich auf den Bahnsteig.« *Schüler mit medientauglichem Stilblütentalent in einem Aufsatz*

Androgyne Zustände?

Die gesellschaftlichen Rollen der Geschlechter werden von Tag zu Tag verschwommener, die Dualität von Mann und Frau weicht ebenso auf wie das überstrapazierte Sprachzentrum im Hirn der folgenden Mediengenies:

Dieter Thomas Heck zu Angelika Milster:
»Sie sind eine wunderbare Frau!«
Sie: »Danke gleichfalls!«
Dialog im Show Palast/ZDF

- - - - - - - -

»Jetzt mal von Frau zu Frau ...«
Hans Meiser zu einem Talkgast/RTL

- - - - - - - -

»Ist das nicht eine Traumrolle, mal in eine Frau zu schlüpfen?« *Frage von Ulla Kock am Brink in der Lotto-Show an Ottfried Fischer*

Verdrehte Welt

In einer dualen Welt kann es fatale Folgen haben, wenn aus D plötzlich B wird oder umgekehrt und C sich dort befindet, wo vorgestern noch A hingehörte. Oder anders gesagt: Man sollte als Professioneller schon aufpassen, was man so vor Kamera oder Mikrofon daherlabert ...

»Wie fühlst du dich, wenn du im Autoradio sitzt und einen alten Beatles-Song hörst?«
Frage von Thomas Gottschalk an Ringo Starr bei »Wetten, dass ... ?«

- - - - - - - -

»Wussten Sie, dass jeder vierte Chinese ein Mensch ist?« *Gut aufgelegt/WDR 4*

- - - - - - - -

»Solange sich die Sonne um die Erde dreht ...« *Axel Bulthaupt in Brisant/ARD*

- - - - - - - -

»So, liebes Studio im Publikum …«
Max Schauzer in Pleiten, Pech und Pannen/ARD

- - - - - - - -

»Hast du einfach nur Angst um deinen schlechten Ruf?« *Birte Karalusin/RTL*

Familiäres Fiasko

Dutzende von Herz-Schmerz-Serien belegen es: Der Zuschauer und besonders die Zuschauerin ist fasziniert von den vielfältigen Verbindungen, die im familiären Bereich manchmal überraschend und oft ungewollt zusammenkommen. Von den Schöpfern der Seifenopern ist das familiäre Fiasko durchaus gewollt. Aber wie sieht das mit unseren Moderatoren aus?

»Seit wann weißt du, dass du einen leiblichen Vater hast?« *Sonja Zietlow in einer Talkshow*

- - - - - - - -

»Und was ist, wenn du einen Unfall baust und dadurch einen vierköpfigen Familienvater umbringst?« *Frage von Arabella Kiesbauer an einen Talkgast/Pro7*

- - - - - - - -

»Da sie Zwillinge sind, kann man sie problemlos verwechseln.« *Moderator einer Wrestling-Sendung/DSF*

- - - - - - - -

»Du hast deine Kinder auch relativ
schnell hintereinander bekommen.
Da waren, wenn ich mich richtig erinnere,
nur zwei Monate dazwischen.«

Verona Feldbusch in Peep/RTL

Krisenfaktor Gast

Sei es die Talkshow oder das Quiz: Live-Veranstaltungen bieten für alle Beteiligten den Nervenkitzel unverfälschter Spontanäußerungen. Ob ein Gast angesichts der Aufregung plötzlich nur so vor sich hinhaspelt oder gar nicht mehr aufhören will zu reden – die Ausscheidungen frei laufender und somit völlig unkontrollierter Hirnzellen sind für den Zuschauer oft unterhaltsamer als die geplante Sendung. Für den Sender allerdings bietet die Live-Show ein gewisses Risiko, denn eines ist sicher: Aufgezeichnet wird von Zuschauern allemal, und die peinlichsten Aussagen vor laufender Kamera landen zur allgemeinen Erbauung dann im Internet. Oder auch hier.

> »Die Leute versuchen immer hinter meine
> Fassade zu gucken. Aber da ist nichts.«
> *Selbstauskunft von Verona Feldbusch*

Prominente Stimmen

Hängen wir nicht alle am Ohr der Mediengrößen? Zumindest im übertragenen Sinne ... Festzuhalten bleibt auf jeden Fall: Was über die Lippen von Prominenten kommt, macht viele von uns glücklich.

»Ich bin ein amüsanter,
erfolgreicher Unterhaltungsfaktor.«
Selbstauskunft von Verona Feldbusch

- - - - - - - -

»In Florida könnte ich Tag und Nacht
in der Sonne liegen.«
Howard Carpendale in 7 Tage 7 Köpfe/RTL

- - - - - - - -

»Ich will ganz in Ruhe heiraten,
allein für mich.«
Boxer Axel Schulz zu Bettina Böttinger in B.trifft/WDR

- - - - - - - -

»... Frau Merkel, ... äh ... Verzeihung, ...
Frau Christiansen ...«
Edmund Stoiber bei »Sabine Christiansen«

- - - - - - - -

»Wir haben doch alle eigentlich Glück
gehabt, dass ich keine Wirtschaftssendung
moderiere.« *Verona Pooth*

»Kann ich das noch mal in Zeitlupe hören?«
Axel Schulz

»Gibt es hier auch Nebenrisiken?«
*Verona Feldbusch auf dem Vibrastuhl in
Extreme Activity/Pro Sieben*

»Ich habe viel erlebt – besonders in der
Vergangenheit.« *Franziska von Almsick
in Radio Regenbogen*

»Jeder ist seines Schmiedes Glück.«
Martin Semmelrogge im ZDF

»Jeder von uns hat Fans, die ihn mögen,
und Fans, die ihn nicht mögen.«

Joy Fleming auf RTL

- - - - - - - -

»Ich hab Marius noch nie live gesehen,
ich kenne ihn nur persönlich.«

Boris Becker in BLITZ/SAT.1

- - - - - - - -

»Einmal im Strandkorb liegen und
dem Plätschern eines kühlen Gebirgsbaches
lauschen ...« *Isabell Varell in Wann wird's mal
wieder richtig Sommer?/ZDF*

Menschen wie du und ich

Qualität ist out. Freaks, Nerds und völlig durchgeknallte Zombies vor oder hinter dem Bildschirm – das ist modernes Fernsehen! Welch ein Glück für die Privatsender, dass man sie an jeder Ecke auflesen und mit einem fantastischen Honorarangebot (so um die 250 €) in eine Talkshow locken kann ...

»Was soll man machen, wenn man 15 oder 16 Monate im Jahr auf Reisen ist?«
Talkgast bei Hans Meiser/RTL

– – – – – – – –

»Kunde ist der König schon lange nicht mehr.« *Talkgast bei Hans Meiser/RTL*

– – – – – – – –

»Du machst doch schon den Mund auf, wenn du lügst!« *Talkgast bei Nicole/Pro7*

– – – – – – – –

»Alle gucken weg, wenn ich komme!«
Talkshow-Gast bei Britt

– – – – – – – –

»Ich fühle mich wie das fünfte Rad am
Bein.« *Talkgast bei Andreas Türck/PRO7*

- - - - - - - -

»Ich habe es nur aus den Augenwinkeln
gehört.« *Gast bei Explosiv/RTL*

- - - - - - - -

»Also, wenn mein Sohn lesbisch wäre ...«
Talkgast bei Sonja/SAT.1

Von Giraffen und anderen Insekten

Ebenfalls profilieren kann sich der Zuschauer als Quizkandidat. Den Erfolgreichen sieht man neidvoll zu, wie sie dicke Gewinne einstreichen, aber die Versager erreichen mediale Ewigkeit: Man vergisst sie nie.

»Nennen Sie ein besonders farbenprächtiges Tier!« – »Zebra!« *Quizkandidat in Familienduell mit Werner Schulze-Erdel/RTL*

- - - - - - - -

»Nennen Sie eine beliebte Western-Serie.« – »Unsere rauchende Farm!« *Quizkandidat bei Dalli dalli/ZDF*

- - - - - - - -

»Nennen Sie ein gelb-schwarzes Insekt!« – »Giraffe!« *Quizkandidat in Familienduell mit Werner Schulze-Erdel/RTL*

- - - - - - - -

»Welcher römische Kriegsgott trägt
den gleichen Namen wie ein bekannter
Schokoriegel?« – »Snickers.« *Quizkandidat in
Der Schwächste fliegt/RTL*

- - - - - - - -

»Welches Kleidungsstück für Frauen wird
auch als *das kleine Schwarze* bezeichnet?« –
»Slip!« *Quizkandidat in Der Schwächste fliegt/RTL*

- - - - - - - -

»In der Sendereihe Vorsicht Falle wurde
vor Neppern, Schleppern und vor wem
noch gewarnt?« – »Mähdreschern!«
Quizkandidat in Jeder gegen jeden/SAT.1

- - - - - - - -

»Wie nannte Muhammad Ali seine
Autobiografie?« – »Mein Kampf.«
Quizkandidat in Risiko/ZDF

Meteorologen
im Einsatz

Eigentlich die einfachste Sache der Welt, das Wetter, oder? Sollte man meinen. Schließlich sind es nicht länger die Laubfrösche oder Opas rheumatische Beschwerden, die als Mittel der Vorhersage dienen. Die modernen Wetterstationen sind mit ausgeklügelten Instrumenten bestückt, und was sie nicht an Informationen liefern, das sendet sowieso der Satellit. Den Wetterbericht anhand der eingehenden Daten niederschreiben, dann den Text aufsagen oder auch mal über ein besonderes Wetterereignis berichten – was soll da schon schiefgehen? So manches, wie der aufmerksame Zuschauer weiß:

> »Am Samstag war das Wetter deutlich besser als am Sonnabend.« *Kieler Nachrichten*

Und immer wieder der Rieselnägen

Selten sind wir mit dem Wetter zufrieden. Sommerwetter ist am schönsten, da sind sich die meisten einig. Doch der Sommer lässt hierzulande auf sich warten, und wenn die Sonne uns dann mal richtig aufs Hirn brennt, kommt auch der Wetterprognostiker ins Schwitzen. Was nicht heißt, dass die anderen Jahreszeiten nicht auch für Verwirrung bei den Wetterfröschen sorgen.

»Streusalz wieder in aller Munde.«
Süddeutsche Zeitung

- - - - - - - -

»Es schneit in beiden Fahrtrichtungen.«
Hinweis im Programm von Bayern 3

- - - - - - - -

»In den Mittelgebirgen fielen bis zu 70 Meter Schnee.« *Unbekannter Nachrichten-sprecher im Radio*

- - - - - - - -

»Der Frühling im Winter dauert an, auch morgen bleibt es kalt ... äh, warm.«
Tagesschau-Wetterprognose

- - - - - - - -

»Morgen ist es anfangs neblig trüb,
später wird es wolker bis heitig.«
Wetteransage im Radio, Quelle unbekannt

- - - - - - - -

»Aus Westen nähert sich eine Hochzuck-
Drohne.« *Quelle leider unbekannt*

- - - - - - - -

»Heute in den Frühstunden verbreitet
Rieselnägen – pardon – Neselriegen –
Räselniegen …« *Regionaler Wetterbericht für
Hessen*

- - - - - - - -

»Die Regenfälle lassen zunehmend nach.«
Christian Kolb im Mittagsmagazin/ARD

- - - - - - - -

»An der Nordsee rund um Rügen wird es
regnen.« *Wettermann Dieter Walch/ZDF*

- - - - - - - -

»Es wird auch morgen wieder dichtere
Wolken geben, die kommen aus Osten und
aus Westen ...« *ARD-Wetterfee*

- - - - - - - -

»In der Sonne waren es 35 Grad im
Schatten.« *Gießener Anzeiger*

- - - - - - - -

»Das Wetter bleibt sonnig. Schön für
die Wirte, die im Sommer ihre Geschäfte
draußen machen.« *ARD-Wetterbericht*

- - - - - - - -

»Speziell in Japan und China liegen die
Durchschnittstemperaturen weit über den
Mittelwerten.« *Berliner Zeitung*

- - - - - - - -

»Am Sonntag ist es im ganzen Deutschen
Reich ... Bereich warm und sonnig ...«
Wetterbericht im heute-journal/ZDF

Und hier war jemand ganz durcheinander:

»... und nun die Lottovorhersage ...«
Jens Riewa in der Tagesschau/ARD

Kachelmann kann's!

Egal, ob Regen oder Schnee: Der Biolek der Wettervorhersage brachte es auf den Punkt:

>>Mir ist wirklich egal, wie das Wetter wird. Hauptsache, es wird so, wie wir es vorausgesagt haben.<< *Jörg Kachelmann in Aktuell/SWR*

- - - - - - - -

>>Das Wetter streckt einen gewittrigen Finger nach Süden raus.<< *Jörg Kachelmann im Wetterbericht der Tagesschau/ARD*

- - - - - - - -

>>Trotz Viagra – da ist auch bei Opa noch ein bisschen Platz in der Badehose.<< *Jörg Kachelmann verdeutlicht die Wassertemperaturen in der Ostsee*

Animalisches

Tiere gehören zu den beliebtesten Themen überhaupt. Zum einen muss man nicht ständig seinesgleichen betrachten, zum anderen sind Tiere sowieso die besseren Menschen. Deshalb sollten Publizisten und Journalisten eigentlich achtsamer mit diesen publikumsträchtigen Wesen umgehen. Wildtiere, Haustiere und auch die geschundenen Nutztiere bieten Stoff für die unterschiedlichsten Sendungen und Berichte. Möglich, dass bei der Vielzahl der Arten so mancher den Überblick verliert ...

>»Zur Zeit brüten dort viele Seevögel und Seehunde.« *17.30-Schleswig-Holstein/SAT.1*

Im Dschungel der Fauna

Wo noch wildes Leben lauert, stellt ihm der mediale Groß-
wildjäger mit seinem gewaltigen Teleobjektiv nach. Doch
er selbst kann auch schon mal zum Opfer werden – wenn-
gleich nicht zwingend auf freier Wildbahn. Stattdessen gerät er immer öfter in versteckte, aber umso grausamere
sprachliche Fallen.

> »Delphine sind wilde Tiere. Sie gehören in
> den Ozean. Und dort herrscht noch immer
> das Gesetz des Dschungels.« *Brisant/ARD*

> »Man sieht sie nicht, man hört sie nur –
> die lautlosen Jäger der Nacht.«
> *Kommentar in Früh-Stück mit Tieren/SW3*

> »Wenn das Chamäleon erregt ist,
> ist es besonders auffällig getarnt.«
> *Gehört in Wildes Leben/Super-RTL*

»Ein Elefant kann sich nicht mit einem Kamel kreuzen. Das geht hinten und vorne nicht.« *Cherno Jobatey in Verstehen Sie Spaß?/ARD*

- - - - - - - -

»Lemminge heißen die Fische, die ihrem eigenen Untergang entgegenschwimmen.« *Martin Schulze, Moderator von Bericht aus Bonn/ARD, zur bevorstehenden Klimakonferenz in Berlin*

- - - - - - - -

»Auch in diesem Herbst werden die Hirsche wieder zur Brunftzeit ihre urigen Rufe in der Abenddämmerung und die ganze Nacht hindurch in Wald und Wiesen erschallen lassen, was sich die Menschen leider meist versagen.« *Aus dem Wiesbadener Kurier*

Unser Haustier

Nicht nur die Hose des Briefträgers ist in Gefahr, wenn er in Reviere eindringt, die der treue Haushund bewacht. Auch Journalisten geraten ins Straucheln, wenn es um die an sich harmlosen Kreaturen geht, die sich Heim und Hof mit ihren menschlichen Kameraden teilen. Allein die Frage »Haustiere im Bett – ist das gut?« birgt so einiges an Brisanz, wie man sieht:

> »Ja, wenn der Mensch gesund ist, geimpft, parasitenfrei und keinen schlechten Körpergeruch hat, dann können die Tiere das vertragen.« *Experte Dr. Rolf Spangenberg beim SWR*

- - - - - - - -

> »Der Vorteil des Pudels ist: Er haart nicht in der Wohnung. Im Gegensatz zu einem Yorkshire – da finden Sie überall Pudelhaare.« *Magazin DAS!/N3*

- - - - - - - -

> »Die Schafe legen sich freiwillig hin und lassen sich die Wolle vom Pelz nehmen.« *Reinhold Beckmann in der Guinness-Show/ARD*

- - - - - - - -

»Das Ordnungsamt hat den Hundebesitzer
aufgefordert, einen Maulkorb zu tragen.«
Explosiv/RTL

– – – – – – – –

»Man kann dem Hund den Knochen aus
dem Maul nehmen, und er spricht kein
Wort.« *Aus Tiere suchen ein Zuhause/WDR*

– – – – – – – –

»Hunde dürfen nur zu bestimmten Zeiten
bellen. Das gilt übrigens auch für Vögel.«
Die Nacht der Hunde/WDR

▬ Tierisches schwarz auf weiß

Auch in der Presse sind Tiere ein beliebtes Thema. Doch so manch einer bannt sie auf Papier, ohne groß darüber nachzudenken, was er da von sich gibt ...

»Auch unter Brieftauben gibt es schwarze Schafe.« *Die Welt*

- - - - - - - -

»Endlich Hilfe für die toten Schweine!«
... fordert oder konstatiert das Landshuter Wochenblatt

- - - - - - - -

»Ein Rehbock hatte sich am Donnerstagvormittag in das Parkhaus West an der Regensburger Straße verirrt. Als er zwei Polizeibeamte sah, fiel er um und verendete.«
Straubinger Tagblatt

Hirschblüten statt Kirschblüten

Flora und Fauna bevölkern den blauen Planeten in viel zitiertem Artenreichtum – auch wenn der Mensch alles dafür tut, um diese Vielfalt zu verringern. Längst hat man Szenarien erschaffen, wie diese Welt ohne den Homo sapiens sapiens aussähe. Schließlich ist er es, der alles durcheinanderbringt – und das auch sprachlich.

»In diesem Großnaturschutzgebiet offenbart sich dem Wanderer auf den Borstgraswiesen über vulkanische Aschen und Laven eine bemerkenswert großflächige, bunt blühende Fauna.« *http://www.rhoentourist.de*

- - - - - - - -

»Die Gegend ist bekannt für ihr mildes Klima. Im Frühling verwandelt die außergewöhnlich früh blühende Fauna in ein fantastisches Blumenmeer.«
http://www.lago-urlaub.de

- - - - - - - -

»Schönes Wetter, blühende Fauna.«
http://www.gipfelbuch.ch

- - - - - - - -

»Und gerade deshalb moechte ich einmal einen Ausflug in deine bluehende Fauna machen, die aber nur im Sommer Ausgang hat.« *www.neon.de*

»G o a ! eine saftige und blühende Fauna – Reisanbau bei Majorda«

http://limonette.bplaced.net, Artikel Leander in Indien

Der Spitzensport

Die meisten von uns kennen sicher die Urahnen der kreativen Sportmoderation, Heinz Maegerlein und Carmen Thomas. Maegerlein schrieb sich mit dem akustisch so fragwürdigen Satz »Tausende standen an den Hängen und Pisten« auf ewig in das Bewusstsein des intelligenten Sportzuschauers ein, und Carmen Thomas stellte sich mit ihrem Klassiker »Schalke 05 gegen – jetzt hab ich's vergessen – Standard Lüttich!« gleichberechtigt neben ihn. Seither hat sich in der Sportjournalistik vieles getan: Auch zeitgenössische Sportreporter eifern Maegerlein & Thomas nach.

> »Thomas Stangassinger hat eine sehr
> ansprechende Duftmarke gesetzt.«
> *Moderator beim Ski-Weltcup in Park City/Eurosport*

- - - - - - - -

> »Auch er setzt nun noch seine Duftmarke
> an den Innenpfosten.« *ran/SAT.1*

▬▬▬ Das Verquere auf dem Felde der Ehre

Sie stehen an der Spitze der Pyramide der Medienberufe: Sportreporter und -moderatoren. Während ihrer Arbeit sollen sie sich durch Eloquenz auszeichnen und immer den Überblick behalten. Und nicht nur das: Welche Berufsgruppe sonst muss zugleich umfassend und verständlich über rauschhafte Ereignisse berichten und im selben Augenblick die eigene, überbordende Erregung unter Kontrolle bringen? Allenfalls noch der Synchronsprecher im Pornofilm oder ein CSU-Bierzeltpolitiker ...

> »Norwegen in Rot, die deutsche Mannschaft, das muss ich Ihnen nicht mehr sagen und da brauche ich auch gar nicht viel zu erklären, wie so oft – wie eigentlich immer, wie fast immer, in den Farben, die Sie kennen: in den weißen Trikots und den schwarzen Hosen. Aber, meine lieben Zuschauer, das wissen Sie ja sicher auch so, da muss man keine großen Worte mehr verlieren.« *Heribert Faßbender/ARD*

- - - - - - - -

»Es steht im Augenblick 1:1. Aber es hätte auch umgekehrt lauten können.«

Heribert Faßbender/ARD

- - - - - - - -

»Es gibt nur eine Möglichkeit: Sieg, Niederlage oder Unentschieden!« *Franz Beckenbauer*

- - - - - - - -

»Guten Abend, meine Damen und Herren, und – bonne noir.«

Sportjournalist Waldemar Hartmann

- - - - - - - -

»Die Zeit zwischen der 84. und 89. Minute – diese zehn Minuten werde ich nie vergessen.« *ZDF-Reporter Thomas Wark bei der Fußballweltmeisterschaft in Südafrika*

- - - - - - - -

»Je länger das Spiel dauert, desto weniger Zeit bleibt.« *Marcel Reif beim Spiel Bayern gegen Unterhaching/Premiere*

- - - - - - - -

»Zunächst aber müssen wir noch einmal
auf die nächste Woche zurückblicken.«
Rudolph Brückner in Doppelpass/DSF

- - - - - - - -

»Ziege ist umgeknickt. Es sieht nach einer
Schulterverletzung aus.« *Moderator beim*
Länderspiel Finnland gegen Deutschland/ZDF

- - - - - - - -

»Celtic lag mal neun Punkte vorn,
aber irgendwo auf der Straße kam ihr
Schiff von den Schienen ab ...«
Richard Park, englischer Sportmoderator

Das läuft ja ganz flüssig

Auch Ex-Sportler und Aktive in der Rolle des Co-Moderators kommen immer häufiger zu Worte. Schließlich waren oder sind sie hautnah am Geschehen dran und besitzen eine gewisse Sachkunde – denkt man. Allerdings drängt sich so manches Mal der Gedanke auf, dass insbesondere die Aktiven lieber siegen statt kommentieren sollten ...

»Die Nase ist halt eine verletzliche Stelle, und wenn man sie mit den Stollen oder der Fußspitze berührt, kommt es zu Nasenbluten.« *Günter Netzer*

- - - - - - - -

»Die Deutschen haben nur einen Spieler unter 22, und der ist 23!« *Kevin Keegan*

- - - - - - - -

»Hinten spielt die deutsche Mannschaft Mann gegen Mann.«
Berti Vogts bei der Frauen-WM in den USA

- - - - - - - -

»Dann kam das Elfmeterschießen.
Wir hatten die Hosen voll, aber bei mir lief 's
ganz flüssig.« *Paul Breitner*

»Wir dürfen jetzt nicht den Sand in den
Kopf stecken.« *Mittelfeldspieler Zvjezdan Misimovic,
1. FC Nürnberg*

»Das da vorn, was aussieht wie eine
Klobürste, ist Valderrama.« *Bela Rethy*

»Wir müssen die Suppe jetzt ausbaden.«
*Daniel Bierofka, Kapitän von 1860 München,
nach einem Punkteabzug durch den DFB*

»Ich grüße meine Mama, meinen Papa und
ganz besonders meine Eltern!« *Mario Basler*

»Da geht er, ein großer Spieler. Ein Mann
wie Steffi Graf!« *Jörg Dahlmann zum Abschied
von Lothar Matthäus vom aktiven Sport*

Leicht durchgeritten

Beeindruckt die Ausstrahlung des eleganten Reittiers, das einst Könige auf seinem Rücken zum Thron trug und Raubritter zu ihrem Arbeitsplatz auf der Landstraße, moderne Journalisten so sehr, dass sie nur noch reden, was eigentlich in den Stall gehört: nämlich Mist?

»Dieser Sprung ist besonders schwierig,
weil die Pferde zwischen dem weißen und
dem roten Hindernis Beifall klatschen.«
Armin Basche in Sport extra/ZDF

- - - - - - - -

»Wichtig sind besonders die Beine,
denn damit läuft das Pferd.«
Bericht über die Galoppwoche in Iffezheim/ZDF

- - - - - - - -

»Sie reiten sehr edle Pferde;
manchmal mehrere auf einmal ...«
Moderatorin zu Ludger Beerbaum/N3

- - - - - - - -

»Polo ist eine schwierige Sportart.
Prinz Charles hat sich dabei schon so
manchen Arm gebrochen.«

Manuela Lundgren im Hamburger Journal/N3

– – – – – – – –

»Man muss es nicht nur in den Beinen,
sondern auch zwischen den Beinen haben.«

Kommentar zu einem Sprung beim Pferdesport-
Festival/N3

Halten die Gummis?

Wie kann man in einer Sportart, in der heulende Motoren, quietschendes Gummi und kreischende Boxenluder die Hauptrolle spielen, eine handwerklich halbwegs zufriedenstellende Berichterstattung erwarten? Beim Rennsport versteht der Kommentator ja nicht einmal mehr sein eigenes Wort, geschweige denn der Zuschauer ...

»Ist man jetzt vielleicht übervorsichtig, dass man sich fragt: Halten die Gummis noch?«
Heiko Waßer beim Formel-1-Rennen in Monza/RTL

- - - - - - - -

»Hoffen wir, dass die Reifen den Saubers entgegenkommen.« *Reporter von Radio 24 während eines Formel-1-Rennens in Silverstone*

- - - - - - - -

»Zum Schluss führte Michael Schumacher mit 37 Sekunden vor Häkkinen, und in der Formal 1 ist das mehr als eine halbe Minute!« *ranissimo/SAT.1*

- - - - - - - -

»Jeder Sieg, den man verliert,
ist einfach furchtbar.« *Christian Danner*
beim Formel 1 Grand Prix in Monza/RTL

- - - - - - - -

»Es kann in die Hose gehen, aber es kann
natürlich auch schiefgehen.« *Christian Danner*
beim GP von Österreich/RTL

- - - - - - - -

»Ich bin motiviert bis an die Zähne.«
Heinz Harald Frentzen in Formel 1 – Warm up/RTL

- - - - - - - -

»Der Kurs in Budapest ist fast wie
Monte Carlo, nur ohne Monte Carlo.«
Niki Lauda beim Großen Preis von Ungarn/RTL

Embarrassing Performance

Welche Sportart es ist, wird zur Nebensache, wenn die Meister am Mikrofon völlig den Faden verlieren. Dann heißt es nur noch: *The blödsinn is the message!*

»Sie hat die Traumzeit aller 400-Meter-Läuferinnen geknackt und blieb erstmals unter 50 Minuten!« *Reporter Norbert König bei der Leichtathletik-WM/ZDF*

- - - - - - - -

»Ihr Ehemann Alexander ist auch ihr Sohn.« *Reporter Sigi Heinrich über die 5000-m-Läuferin Irina Mikitenko/Eurosport*

- - - - - - - -

»Congratulation for this embarrassing performance!« *Englisch-Meisterleistung von Gerhard Delling bei Olympia Live. Zu Deutsch etwa:* »*Gratulation zu dieser blamablen Vorführung!*«

- - - - - - - -

»Von den österreichischen Skifahrern sind vier unter den ersten drei.« *Robert Seeger beim Riesenslalom in Tignes/ORF*

Der Trainer hat das Wort

Seit Boris äh ... äh ... Becker auch den wöchentlichen Schnitt seiner Zehennägel medial auswerten könnte, weiß jeder: Es kommt überhaupt nicht darauf an, dass du vor der Kamera reden kannst. Hauptsache, du bewegst dich und gibst irgendwelche Geräusche von dir. Davon haben leider auch die Trainer gehört ...

»Die Kroaten sollen ja auf alles treten,
was sich bewegt – da hat unser Mittelfeld
ja nichts zu befürchten.« *Berti Vogts vor dem
Weltmeisterschaftsspiel gegen Kroatien*

- - - - - - - -

»Die Medaillen sind vergeben,
wer sie bekommt, ist offen.«
Kugelstoßtrainer Dieter Kollacl/ZDF

- - - - - - - -

»Ich glaube, dass der Tabellenerste
jederzeit den Spitzenreiter schlagen kann.«
Berti Vogts

- - - - - - - -

»Wunderbar, wie er seinen Körper
zwischen sich und den Gegner schiebt!«
Udo Lattek in »Finish«/DSF

- - - - - - - -

»Im nächsten Spiel haben wir keine Chance,
aber die werden wir nutzen.« *Braunschweigs
Trainer Reinhold Fanz in Doppelpaß/DSF*

- - - - - - - -

»Das größte Problem beim Fußball
sind die Spieler. Wenn wir die abschaffen
könnten, wäre alles gut.«
Helmut Schulte, Ex-Trainer FC St. Pauli

- - - - - - - -

»Den größten Fehler, den wir jetzt machen
können, wäre, die Schuld beim Trainer zu
suchen.« *Karl-Heinz Körbel, Trainer von Eintracht
Frankfurt*

- - - - - - - -

»Mal verliert man, und mal gewinnen die anderen.« *Otto Rehhagel*

- - - - - - - -

»Ich bin sicher, er verlässt den Sieger als Ring!« *Fritz Sdunek, Boxtrainer*

Quatsch mit Soße

Fernsehköche sorgen mit ihren lukullischen Genüssen dafür, dass uns das Wasser im Munde zusammenläuft, sie entführen uns kulinarisch in exotische Länder und lassen uns ganz in der Welt der Völlerei schwelgen. Neben ihren besonderen Rezepten bringen sie uns auch mit ihrer vielfältigen sprachlichen Ahnungslosigkeit zum Erstaunen und führen so manchen zu der Erkenntnis: Man muss intellektuell nicht unbedingt besonders gut sortiert sein, um auf dem Bildschirm kochend präsent zu bleiben.

»Für unsere Spätzle-Pizza verwenden wir natürlich deutschen Käse – z. B. Gouda oder Emmentaler.« *Armin Rossmeyer im Frühstücksfernsehen/SAT. 1*

Wer den Löffel halten kann ...

... der meint auch das Publikum mit verbalen Küchentipps erreichen zu können. Aber viele Köche verderben den Brei – sobald sie den Mund aufmachen.

> »Meine Brüstchen nehmen schon
> langsam Farbe an.«
> *Harry Wijnvoord in Leben und wohnen/tm3*

- - - - - - - -

> »Dies ist eine Geflügelbrühe. Man kann aber
> genauso gut eine Hühnerbrühe nehmen.«
> *Alfons Schuhbeck in Genießen erlaubt/Bayern 3*

- - - - - - - -

> »Das ist lecker – wie übrigens alles, was gut
> schmeckt.« *Britta von Lojewski im Kochduell/VOX*

- - - - - - - -

> »Ach so, ihr seid zehn Leute im Kochverein –
> und wie viele seid ihr da?«
> *Britta von Lojewski im Kochduell/VOX*

- - - - - - - -

»Jetzt müssen wir nur noch das Eigelb
vom Dotter trennen.«

Metty Krings in Super, Metty/S-RTL

- - - - - - - -

»Da steht es – für alle, die nichts lesen
können.« *Britta von Lojewski in Kochduell/VOX*

Alfred der Große

Null Prozent Ahnung von nix, 15 Prozent im Rotwein und immer: »Aaaah, läcker!« rufen – so macht man Kochfernsehen. Material für eine eigene Abteilung in diesem Buch liefert Alfred Biolek in *Alfredissimo*. Hier einige seiner Delikatessen:

> Zu Regine Hildebrandt: »Ich finde es ja so schön, dass das eine Buttercreme ist, die mit Margarine gemacht wird.«

> »Es schmeckt so ein bisschen nach meiner Großmutter, das ist das Schöne daran.«

> Zu Jürgen von der Lippe: »Der Tee schmeckt eigentlich nach gar nichts, ist aber trotzdem sehr gut.«

Zu Konrad Beikircher: »Es ist ein bisschen Fummelarbeit, und ich habe vorher schon gefummelt ...«

Zu Thomas Anders: »Riesling schlabber-schlabber, und dann sind da gleich ... paar Flaschen stehen da ...«

»Ich esse am liebsten Geflügel wie Hühn-chen oder Kaninchen.«

Zu Guildo Horn: »Beim Backen muss man nach Rezept kochen.«

Zu Landwirtschaftsminister Jürgen Borchert: »Ihr Fleisch hat geklingelt.«

Was wundert es noch, dass bei solch einem Durcheinander auch Journalisten in Verwirrung geraten?

»Fischessen mal anders: Kalbfleisch ohne Gräten« *tz, München*

Politik,
leicht missglückt

Politiker – die edlen Führer unserer Nation. Wenn der Staats-
mann beweisen will, dass er über den Normalsterblichen
steht und befähigt ist, deren Geschicke zu bestimmen, gehört eine geschliffene Ausdrucksweise selbstredend dazu.
Dabei sind es ja nicht mal die Politiker selbst, die ihre Reden schreiben. Und überhaupt bekommt man so manches
Mal den Eindruck, dass geschickte Formulierungen im
Falle der Politprofis verbergen sollen, was die eigentlichen
Absichten hinter ihrem Handeln sind. Ganz offenbar wissen einige von ihnen mittlerweile selbst nicht mehr, welch
hehre Motive sie in Statements und Wahlreden unter Ton-
nen von Sprachmüll verschüttet haben.

Beginnen wir mit einem Klassiker, bei dem es sich möglicherweise um eine Art moderne Legende handelt, weil
der Ausspruch zwar vielerorts bekannt und beliebt, aber
nirgendwo belegt ist:

> »Sehr geehrte Damen und Herren,
> liebe Neger!« *Heinrich Lübke, angeblich 1962*
> *zu Beginn einer Rede in Liberia*

Unklare Verhältnisse – nicht nur familiär

Dass sich Politiker über ihre Rolle in Partei und Parlament nicht im Klaren sind, gehört längst zum Alltag. Möglicherweise würde allzu heftiges Nachdenken über die eigene Situation den einen oder anderen ja völlig in den Wahnsinn treiben ...

»Ich bin in Rüsselsheim als Sohn eines Opelarbeiters geboren ...« *Andrea Ypsilanti*

- - - - - - - -

»Ich weiß, was es heißt, Mutter von drei kleinen Kindern zu sein.« *Edmund Stoiber*

- - - - - - - -

»Wenn heute eine Familie ein Kind bekommt, eine Frau mit ihrem Mann oder umgekehrt ...« *Edmund Stoiber*

- - - - - - - -

»Wir haben jetzt klare Verhältnisse, aber wir wissen noch nicht, welche.«
Lothar Späth in Späth am Abend/n-tv

- - - - - - - -

»Homo-Ehen sollte es nur zwischen Mann und Frau geben!« *Arnold Schwarzenegger*

»Alle zehn Jahre werden die Menschen ein Jahr älter.« *Finanzminister Hans Eichel bei Sabine Christiansen/ARD*

Arbeit und andere Risiken

Der informierte Bürger kommt nicht umhin zu bemerken, dass Verwirrung sich in die Häupter der Herrschenden eingeschlichen hat. Welch ein Glück, dass sich die Politik nur in seltenen Ausnahmefällen um Angelegenheiten kümmert, die uns alle betreffen könnten.

»... dass das Risiko für einen älteren Arbeitnehmer, wieder eine Arbeit zu bekommen, größer ist ...« *Angela Merkel*

- - - - - - - -

»Die Beschilderung muss der tatsächlich gefahrenen Geschwindigkeit angepasst werden.« *Roland Koch, CDU*

- - - - - - - -

»Älter zu werden ist die einzige Chance, länger zu leben.« *Christa Lörcher, SPD*

Finger weg von unserem Geld

... denn besonders finanziell könnte sich ein allzu großes politisches Engagement der Politikprofis überaus schädlich auswirken:

> »Die Mark wird durch den Euro sicherer.«
> *Finanzminister Theo Waigel im ZDF*

- - - - - - - -

> »Ich kann nicht schätzen, ich kann nur raten. Ich schätze mal ...« *Guido Westerwelle zum Thema »Wie viel kostet uns der Euro?«/ARD*

- - - - - - - -

> »Außerdem entstanden der Industrie zusätzliche Kosten durch die Forderung des Ministers, Änderungen an der Konstruktion des Flugzeuges vorzunehmen, um es billiger zu machen.«
> *FAZ – Frankfurter Allgemeine Zeitung*

Immerhin scheinen die Eigentumsverhältnisse im Lande geregelt zu sein:

> »Wenn ich mit Stefan Mappus und Volker Bouffier beieinander bin, wissen wir, uns dreien gehört die Bundesrepublik Deutschland.« *Horst Seehofer auf dem CSU-Parteitag im Mai 2011*

Sehr verstörte Damen und Herren

Alle fünf Sinne beisammen? Dann haben Sie schlechte Voraussetzungen, Einzug in die Parlamente und den Bundestag zu halten. Als Abgeordneter würden Sie dort bei der Fülle der unsinnigen Äußerungen nur unangenehm auffallen.

»Ich verspreche nichts, was ich auch halten kann.« *Reinhard Höppner als Ministerpräsident von Sachsen-Anhalt im ZDF*

– – – – – – – –

»Ich war ganz allein in der Maschine und habe dem Piloten gesagt ...« *Helmut Kohl in Am Ende des Jahrhunderts*

– – – – – – – –

»Dann bedarf es nur noch eines kleinen ›Sprühens‹ sozusagen, in die gludernde Lot, in die gludernde Glut, in die lodernde Glut, wenn ich das sagen darf.« *Edmund Stoiber in einer Rede am 19. Juni 2002*

– – – – – – – –

»Ich sehe aber auch bei der CDU schon Nebengeräusche.« *CSU-Landesgruppenchef Michael Glos in den Tagesthemen/ARD*

»Wir sind im Gegensatz zu Heiner Geißler keine multikulturelle Gesellschaft.« *Theo Waigel in Bayernzeit/BR*

»Wir pfeifen nicht nach Ihrer Tanze.« *Kai Klose, Die Grünen*

»Wir sind heute schon vor dem Aufwachen aufgestanden.« *Hamburgs Bürgermeister im Stadtwecker/NDR*

»Wählen Sie am Freitag in acht Tagen blau-weiß … blau-gelb … bin farbenblind …« *Klaus Kinkel, FDP*

»Es ist eindeutig, wir haben die Europawahl
verloren, das ist in der ersten Runde eine
Niederlage, es kommen aber weitere ...
nicht Niederlagen – Runden!«
Rudolf Scharping, SPD

»Diplomat mit voller Immunität übernimmt
noch einige Kurierdienste.« *Anzeige aus*
DIE WELT, gefunden unter http://www.magicofword.
com/stilblueten

»Nach dem Durchfall bei der Stadtratswahl:
SPD verspürt dringendes Bedürfnis nach
Wiedereröffnung von Klohäusln.«
Süddeutsche Zeitung, 22. 07. 1994

Wen wundert die folgende Meldung dann noch?

»Das für Samstag, 29. April, vorgesehene
Jugendforum der evangelischen Kirche zur
›Politikverdrossenheit Jugendlicher‹ muss
mangels Teilnehmer ausfallen.« *Aus der*
Frankfurter Rundschau, gefunden im »Hohlspiegel«

Da hat Sarah Connor doch ganz richtig gesungen, als sie bei der Eröffnung der Allianz-Arena 2005 in München die Nationalhymne leicht verhunzte:

»Brüh im Lichte dieses Glückes …«

Leicht durchgequirlte Hochkultur

Klar, die »Ibiche des Kranikus« kennen wir alle. Irgendwann hat ein kluger Kopf diesen Dreher erstmalig produziert. Aber nicht nur das heitere Spiel mit dem geschriebenen Wort kann ungewollte Modifikationen hervorbringen. Auch die Ansagen in Radio- und Fernsehsendern mit gehobenem kulturellen Niveau bleiben von verdrehten Silben nicht verschont – sehr zur Schadenfreude mancher ihrer Hörer und Zuschauer.

> »Sie hörten die h-Mess-Molle, Verzeihung, die h-Moss-Melle, ich bitte sehr um Entschuldigung, die h-Moll-Messe von Johann Sebaldrian Bach – ich häng mich auf!«
> *Versprecher im Radio*

Akustisch dokumentiert ist die folgende Version:

> »Im Mittelpunkt unseres Abendprogramms steht die h-Mess-Molle von Johann Sebastian Bach.« *http://lustich.de/mp3s/radiopannen/h-mess-molle*

Wachs für die Seele

Ob Musik, die bildenden Künste oder die Historik: Kultur ist, wenn man trotzdem lacht, mag sich der eine oder andere Medienmensch denken und gibt sich bei der Gestaltung seiner Ansagen und Texte entsprechend kreativ:

»Brahms' Totenmesse – lebendig gestaltet«
Neue Zürcher Zeitung

- - - - - - - -

»Christoph Krummacher spielte aus dem Orgelbüchlein von Johann Sebastian Bach bearbeitete Choräle zum Oktoberfest ... zum Osterfest.« *Ansage bei Bayern 4 Klassik*

- - - - - - - -

»Seiner Ansicht nach ist die Panflöte reine Natur, wie der Mensch – aus Bambus für den Klang, Holz für die Ästhetik und innen mit Bienenwachs bestrichen für die Seele.«
Aus einem Konzertbericht; Stilblütensammlung der Badischen Zeitung

- - - - - - - -

»Chopin konnte dieses Jahr seinen 150.
Todestag feiern.« *Klassik auf Wunsch/SWR2*

– – – – – – – –

»Als Luther die Bannbulle vom Papst mit
seiner Exkommunizierung erhält, verbrennt
er sie zusammen mit seinen Studenten.«
Stern

– – – – – – – –

*»An den kolossalen queroblongen Turmkom-
plex schließt sich der zweiachsige Annex in
der (wenn man so will) Form eines pseudo-
basilikalen Langhauses an. Dieser Gebäude-
teil leitet zu einer breit ausladenden Zentral-
anlage aus drei polygonalen Konchen über.«*
Wiesbadener Kurier

– – – – – – – –

»Selbst ältere Zuschauer werden sich nicht
mehr an das 13. Jahrhundert erinnern.«
Abendschau/B1

**Und nun das Schlusswort zu diesem Thema – wer hätte das
gedacht?**

»Bei geistiger Unfähigkeit sinkt die
Intelligenz.« *Welt am Sonntag*

Bei Erster Hilfe
Blut geleckt

Gesundheit ist unser höchstes Gut, und so erfreuen sich medizinische Sendungen großer Beliebtheit. Kein Thema ist hier tabu, und neben dem Mit-Leidensfaktor, der Zuschauer in Scharen vor den Bildschirm lockt, stehen die Moderatoren auch noch mit Rat und Tat allen Hilfesuchenden zur Verfügung. Offenbar nicht ohne Wirkung, wie die folgenden Funde belegen:

> »Der Grund, warum viele Friedhöfe
> leerer werden, ist, dass immer weniger Leute
> sterben.« **Berliner Abendschau/B1**

- - - - - - - -

> »Überlebenschance für Ertrunkene
> gestiegen.« *Ärzte-Zeitung*

- - - - - - - -

> »Selbstmord überlebt.«
> *Der Patriot – Lippstädter Zeitung*

Gesünder leben, bequemer sterben

Sprachliche Missgriffe im Bereich der Medizin können irgendwie ganz schön nach hinten losgehen. Manchmal aber auch in andere Richtungen ...

»Wenn man mit sechzig noch richtig gut kack... gucken kann ...« *SWR-Rundfunkmoderatorin in der Abmoderation eines Titels*

– – – – – – – –

»Pressen Sie bei jedem Wasserlassen den Harnstrom verstärkt heraus und stoppen Sie ihn zwischendurch mehrmals ab. Das stärkt den Beckenboden. Diese Übung können Sie überall und unbemerkt machen.« *Aus Medizin heute*

– – – – – – – –

»Alzheimer: Bald können Sie die Angst davor vergessen.« *Freizeit-Revue*

– – – – – – – –

»Im Jahr 2005 sind 16 000 Opfer des Alko-
hols geworden, das entspricht etwa …
(lange Pause) … so und so viel Prozent.«
SWR-Nachrichtensprecher

- - - - - - - -

»Weiteratmen nicht vergessen – ich mache
es gerade mit dem rechten Bein.«
Die Sprechstunde/BR

- - - - - - - -

»Die weibliche Brust gehört in die Hand des
Chirurgen.« *Deutsches Ärzteblatt*

- - - - - - - -

»Seit 40 Jahren beim BRK: Bei Erster Hilfe
Blut geleckt.« *Main Post*

- - - - - - - -

»Sportler leben nicht länger als andere.
Jedoch: Sie sterben aber gesünder.«
Ludwigsburger Kreiszeitung

- - - - - - - -

»Vermutungen, der Arzt sei betrunken gewesen, bestätigten sich nicht. Die Blutprobe ergab 0,5 Prozent.« *Kölner Stadtanzeiger*

»Am beliebtesten sind Särge aus Holz, weil sie kühl, körperfreundlich und billiger sind als Metallsärge.« *Welt am Sonntag*

Was da so alles zum Vorschwein kommt

Wäre Sigmund Freud nicht der Erfinder der Psychoanalyse, so hätte er schon allein als Vater des hintergründigen Versprechers Karriere machen können. Erst seine Erkenntnisse über den verborgenen Hintersinn scheinbar zufälliger Fehler im Redefluss haben bewirkt, dass eigentlich niemand mehr völlig unüberlegt daherbabbeln kann. Aber der Mensch ist ein mitteilsames Wesen, selbst wenn er nichts zu sagen hat, und so schleichen sich die Freud'schen Versprecher heimlich in die Münder der Redner ein und kommen ihnen in den ungeeignetesten Momenten über die Lippen: dann nämlich, wenn ihnen Gehör geschenkt wird.

> »Lieber Roland Kotz ... ähm ... Koch!«
> *Angela Merkel*

▬▬ Denn sie wissen nicht, was sie sagen …

… ist man angesichts solcher Versprecher geneigt zu glauben, aber verhält es sich wirklich so? Oder sollten einem die sprachlichen Missgeschicke doch eher zu denken geben?

> »Und inzwischen eröffnen nun Computer und Internet ganz neue Austausch- und Informationskontrolle … -kanäle … über die Grenzen hinweg.« *Bundesinnenminister Dr. Wolfgang Schäuble*

> »Die für 2012 geplante Konferenz zur Einrichtung einer Zone von Massenvernichtungswaffen im Nahen Osten ist eine große Chance für Frieden und Sicherheit in dieser Region.« *Außenminister Guido Westerwelle, zitiert nach www.welt.de*

> »Bei einem guten Koalitionsklima, wo wir pfleglich miteinander untergehen … umgehen …« *Helmut Kohl*

Rohrkrepierer im Geschlechterkrieg

So manche Journalisten und Journalistinnen haben beim Kampf der Geschlechter Blessuren davongetragen. Doch nicht immer sorgen die scharfen Geschütze, die da üblicherweise abgefeuert werden, für verbrannte Erde. Viel eher scheint eine allgemeine Verwirrung das Ergebnis der Grabenkämpfe zu sein. Nicht weiter schlimm, meinen wir, formulierte doch bereits Altkanzler Helmut Kohl, als er noch im Amt war, den nicht mehr zu übertreffenden Satz: »Die Mehrheit der deutschen Frauen ist weiblich.«

»Von allen Rechtsanwältinnen der Bundesrepublik waren 4,1 Prozent Frauen.«
Nordsee-Zeitung

- - - - - - - -

»Frauen sterben häufiger als Männer.«
Bild-Zeitung

- - - - - - - -

»Von den 5000 Fahrerinnen waren nur 30 weiblich.« *Welt am Sonntag*

- - - - - - - -

»Neuer SPD-Mann ist ein Mann.«
Frankfurter Neue Presse

- - - - - - - -

»Familienrechtler rät: Bei 6 Richtigen sofort
die Scheidung einreichen.« *Bild am Sonntag*

- - - - - - - -

»Viele Absolventen suchen sich eine Nische.
Sozialpädagogen machen eine Kneipe auf,
Biologen werden Gärtner, Akademikerin-
nen schwanger.« *Wochenendbeilage der
Stuttgarter Zeitung*

- - - - - - - -

»Vier von zehn Frauen fielen bei Führer-
scheinprüfungen durch. Sechs von zehn
Männern bestanden.« *Berliner-Zeitung*

Und final, um es zugleich in Politik-Dummdeutsch und
Denglisch zu sagen, die Gender-Mainstreaming-Frage
überhaupt, die nur ein schwäbisches Blatt stellen kann:

»Wie konnte ›es‹ denn nur passieren?
Nach Monaten auf See kehren Soldatinnen
schwanger zurück – Generäle rätseln über
die Gründe ...« *Stuttgarter Nachrichten*

Vielleicht hilft hier ein guter Ratgeber weiter:

»Durch den Geschlechtsverkehr kann
ein Prozess in Gang gesetzt werden, der
damit endet, dass ein Baby geboren wird.«
Aufklärungsbuch »Ab jetzt wird alles anders«,
Kapitel Verhütung

– – – – – – – –

»Von Aspirin allein wird man nicht
schwanger.« *blitz/SAT.1*

Sex it up! – Wenn sich unterschwellige Lust Bahn bricht ...

Jetzt wird es hocherotisch und kontrovers zugleich. Zwar ist mancher sicher:

> »Paare, die mit dem Sex bis nach der Ehe warten, haben eine stabilere Beziehung und eine bessere Kommunikation, fand nun eine Studie heraus.« *www.zukunft-ch.ch, Thema Ehe und Familie, 10. 2. 2011*

Aber andererseits fragte Verona Feldbusch in einer Talkshow nicht umsonst:

> »Vermissen Sie die sexuelle Revolution, die sich hinter der Ideologie der Siebziger verbirgte?«

Ja, wir alle vermissen so vieles, Verona! 99,9 Prozent aller Menschen sind sexuell unausgelastet und beziehen ihre Motivation quasi aus der Unterhose. Hetzen wir nicht irgendwie alle als von sexuellen Trieben gebeutelte Zombies durchs Leben? Wenn man die folgenden irrtümlichen Äußerungen betrachtet, mag man dieser These zustimmen.

»Hallo, ich bin die Uli und suche über
Playdate einen Freund, weil ich zur Zeit
nur meine Muschi zum Streicheln hab ...«

Junge Nutzerin der Singlebörse www.playdate.de

Bei ungeübten Privatleuten kann eine nicht geplante, sprachliche Offenbarung ja mal vorkommen. Aber darf einem Profi-Journalisten ein solcher Fauxpaus unterlaufen? Das tat es – und zwar bereits in den Fünfzigerjahren des 20. Jahrhunderts:

»Dieser Film zählt zu den besten.
Inhaltlich sind Einschränkungen zu machen,
die aus dem doppelten Ehebruch resul-
tieren, der aber in der Darstellung sympa-
thisch und angenehm wirkt.«

St.-Heinrichs-Blatt, Bamberg, 3. September 1950

Damit nicht genug:

»Guter Sex ist das Essen des Alters!«

Christine Westermann in Zimmer frei/WDR

- - - - - - - -

»Passiert Ihnen das öfters?« – »Nee, zu spät kommen ist ganz selten, eher das Gegenteil ist mein Problem, aber in diesem einen Falle, da war's das mal wirklich ...«

Selbstauskunft von Jörg Kachelmann im Gespräch mit Sonja Zietlow

----

»Jeder Kandidat hat einen Ständer.«

Jörg Kachelmann in Einer wird gewinnen

»In ihrem aktuellen Slip ... äh ... Clip ...«

Moderator in Chartsurfer/VIVA

»Die Gäste kommen herein und geben ihre Bekleidung an der Garderobe ab.«

Bericht über den Hamburger Presseball/N3

»Wegen der Vogelgrippe haben die Behörden bei Nürnberg Sperrbezirke eingerichtet. Dort dürfen Hunde und Katzen nicht mehr frei herumlaufen. Das Vögeln ... das Füttern von Wildvögeln wurde verboten.«

Meldung in den SWR-Nachrichten

»Ganz einfach: Wenn ihr jemanden gesehen habt, und es ergab sich einfach nicht
die Situation, weil die Eltern dabei waren
und ganz viele Freunde, und, na ja, Schüch-
ternheit ist ja auch so ein bisschen 'n Problem, dann habt ihr die zweite Chance: Ihr
könnt über fritz.de einfach ein Formular
ausficken ... (lacht) es tut mir leid, ausfül-
len wollte ich sagen!« *Moderatorin der Jugend-
sendung Fritz/RBB*

- - - - - - - -

»CDU-Nachwuchs hat sich viel vorgenom-
men: Beim Sex mehr auf die Frauen einge-
hen. Doch es gab noch andere Themen ...«
Gelnhäuser Neue Zeitung

- - - - - - - -

»Sie können alles fragen, was Sie schon
immer über den Krankenkassenwix ...
Krankenkassenwechsel wissen wollten ...«
Moderatorin bei Mein Morgen/RTL

- - - - - - - -

»Und nun zur Wetterlage: Auf der Süd-
flanke eines atlantischen Sturmwirbels
strömt morgen frische Meereslust nach
Deutschland!« *Aus dem ZDF-Wetterbericht*

- - - - - - - -

»Beate Uhse hatte gestern ihren Höhe-
punkt.« *Moderator der Telebörse über aktuelle
Aktienkurse/n-tv*

- - - - - - - -

»Das erfrischende Getränk aus Weißwein,
Äpfeln und Sex ... Sekt.« *Moderator bei
Lucky Letters/RTL*

- - - - - - - -

»Was muss sich eine Frau alles einfallen
lassen, damit du kommst?«
Verona Feldbusch in Peep

- - - - - - - -

»Jetzt müsste eigentlich die Musik für
den Verkehr kommen. Macht aber nichts –
wir können es auch so machen.«
Doppeldeutiges, B 1 nachgesagt

Rätselhaft, dass es bei derart geballter erotischer Energie
noch so viel Ahnungslosigkeit geben kann:

»Ich habe gehört, du sorgst auch für
Nachwuchs. Wie machst du das?«
Ulla Kock am Brink

Freud international

Dass Sexualhormone zu schweren Verwicklungen im Gehirn führen können, ist keine rein nationale Erscheinung. Nicht nur die Deutschen sind im Grunde verklemmte Sexmonster, wie uns ein Blick über den Medienzaun beweist.

»Und nun zum Wetterbericht, der
Lustdruck ist allgemein fallend.«
Nora Frey, Österreichischer Rundfunk

- - - - - - - -

»We need more Canadian sex-stories!«
Tony Clement; eigentlich wollte Kanadas Wirtschaftsminister more Canadian success-stories fordern …

- - - - - - - -

»Wenn ich sehe, dass manche von ihnen eine
Rentabilität von 20 bis 25 Prozent fordern,
und das bei einer mickrigen Fellatio …«
Die französische Ex-Ministerin Rachida Dati in einem Interview; sie meinte Inflation …

▬▬▬ Kruzifick noch mal!

Besonders pikant wird es, wenn der Klerus unter der Kutte allzu aktiv ist und die Rückkehr in den Schoß der Kirche plötzlich eine anrüchige Bedeutung bekommt. Wobei die Kirche ja alles tut, um entgleiste Gottesmänner zu bestrafen ...

>»Besondere Bedeutung hat für uns auch die frühzeitige Aus... Einschaltung der Staatsanwaltschaft.« *Rede von Erzbischof Zollitsch, gefunden auf www.youtube.com*

Eben.

>»Trachtenkapelle und Kirchenchor, begleitet von Strichern, verliehen dem Gottesdienst den würdigen musikalischen Rahmen.« *Aus einem Bericht über eine Feierlichkeit in einer Kirche; Stilblütensammlung der Badischen Zeitung*

- - - - - - - -

»Funktioniert der Hebelift, der den Papst auf die Bühne hieven soll? Entspricht das Kruzifick ... Kruzifix den genauen Vorgaben aus Rom und wo kann der Heilige Vater sich umziehen?« *Moderator Stefan Klapproth in der Sendung 10 vor 10 im Schweizer Fernsehen SFi*

- - - - - - - -

»Beim Jubiläumsgottesdienst hielt Pastor Michael Stanke die Predigt. Er forderte die 64- und 65-jährigen Jubilare und die übrigen Anwesenden auf, ihre Sexualität nicht ungezügelt auszuleben. Ebenso falsch sei es jedoch, in der Ehe vollkommen enthaltsam zu sein oder sich gar scheiden zu lassen.« *Ostfriesische Nachrichten*

- - - - - - - -

»Natürlich ist die Ehe abstrakt, fern vom Leben, hart und unbarmherzig. Aber was ist die Alternative?« *Gefunden auf http://www.kreuz. net/article.7468.html, Katholische Nachrichten, 8.7.2008*

- - - - - - - -

»Doch vieles muss sich erst noch einspielen. Das gilt auch für das klassische Aufgabenfeld eines Kaplans; Jugendarbeit, Messdiener, Jugendgottesdienstkreis, und Schwester Edith-Maria, die als Ordensvertreterin in der Pfarreiengemeinschaft kräftig mithilft – da gibt es für den Kaplan viel Neues zu beschnüffeln und natürlich einiges zu tun. Aber genau das macht auch den Reiz aus.« *Rheinische Post*

Wir meinen dazu: Entweder weg mit dem Zölibat oder ...

»Sex nur noch per Handvermittlung.«
Nürnberger Nachrichten

Gesetze, Verordnungen und andere Sprachverbrechen

Über Jahrhunderte hinweg wagten es Bürger nicht, an den Gepflogenheiten der Obrigkeit Kritik zu üben, und gaben sich rundum hörig. Das mag auch daran liegen, dass das Amtsdeutsch in seiner Verdrehtheit jegliche vernünftige Kommunikation von vornherein unterband und stattdessen lieber abschreckend wirkte. Mittlerweile kann jeder sagen, was er denkt (wenn er denn etwas denkt, was nicht heißen muss, dass er nichts sagt, wenn er nichts denkt). Und er darf sich sogar despektierlich über die gestelzten sprachlichen Bekundungen von Staatsdienern und anderen Bürokraten äußern. Das Kuriose daran: Es ändert sich nichts – die kritischen und durchaus gerechtfertigten Anmerkungen der Bürger gehen den Bürokraten quasi ohne jede Wirkung am Amts-Allerwertesten vorbei.

Kurz: Warum einfach, wenn es auch unverständlich geht?

»Erhält ein Arbeitnehmer auf Grund seines Dienstverhältnisses Waren oder Dienstleistungen, die vom Arbeitgeber nicht überwiegend für den Bedarf seiner Arbeitnehmer hergestellt, vertrieben oder erbracht werden und deren Bezug nicht nach § 40 pauschal versteuert wird, so gelten als deren Werte abweichend von Ab–

satz 2 die um 4 Prozent geminderten Endpreise, zu denen der Arbeitgeber oder der dem Abgabeort nächstansässige Abnehmer die Waren oder Dienstleistungen fremden Letztverbrauchern im allgemeinen Geschäftsverkehr anbietet.« *§ 8 Abs. 3 EStG*

Stehendes oder hängendes Gewerbe?

Schön, dass die Gesetzeshüter sich um alle, wirklich alle Bereiche des Lebens kümmern und sprachlich nicht nur an den Texten, sondern auch an dem gesunden Menschenverstand die Feile ansetzen. Vom Lovemobil bis zum Fischfilet, von Sperrminen bis hin zu Spermien: Nichts ist vor ihnen sicher.

»Der Betrieb eines Lovemobiles kann als stehendes Gewerbe nur angemeldet werden, wenn dieses gewerblich zur Ausübung der Prostitution an Dritte überlassen wird.« *Broschüre zum Prostitutionsgesetz (ProstG) über den Umgang mit dem ProstG und seinen Auswirkungen in der Landeshauptstadt Hannover*

– – – – – – – –

»Als nichtarbeitslose Arbeitsuchende gelten Arbeitsuchende, die die besonderen, für die Zählung als Arbeitslose geforderten Kriterien (z. B. hinsichtlich der Beschäftigungslosigkeit oder der Verfügbarkeit für die Arbeitsvermittlung) nicht erfüllen.« *Definition der Arbeitsagentur*

– – – – – – – –

»Fischfilet ist zusammenhängendes Fischfleisch wie gewachsen, das nach Entfernung der Bauchlappen parallel zur Rückengräte vom Rumpf abgetrennt, enthäutet und soweit wie technisch möglich entgrätet ist.« *Deutsches Lebensmittelbuch*

– – – – – – – –

»Würzmischungen sind feste oder flüssige Erzeugnisse, die überwiegend aus Geschmacksverstärkern, Speisesalz, verkehrsüblichen Zuckerarten oder anderen Trägerstoffen bestehen; sie können außerdem Würzen sowie Hefe, Gemüse, Pilze, Gewürze, Kräuter und/oder Extrakte daraus enthalten. Streuwürzen sind streufähige Würzmischungen.« *Deutsches Lebensmittelbuch*

- - - - - - - -

»Die Leitsätze für Honig vom 15./16. März 1972 wurden nach Inkrafttreten der Honigverordnung vom 13. Dezember 1976 (BGBl. I S. 3391) am 1. Januar 1977 durch Bekanntmachung des Bundesministers für Jugend, Familie und Gesundheit vom 31. März 1977 – 414 – 6584 (BAnz. Nr. 67 vom 6. April 1977, Gemeinsames Ministerialblatt Nr. 14 S. 255) mit Ausnahme von Abschnitt III Nr. 5, 6 und 7 rückgängig gemacht.« *Deutsches Lebensmittelbuch*

- - - - - - - -

Definition von Starkregen: »Regen, der im Verhältnis zu seiner Dauer eine hohe Niederschlagsintensität hat und daher selten auftritt, z. B. im Mittel höchstens zweimal jährlich.«
Hydrologie – Teil 3: Begriffe zur quantitativen Hydrologie,
Beuth Verlag GmbH, Oktober 1994

- - - - - - - -

»In der Scheide der Zeugin fanden sich nicht Sperrminen, sondern Spermien.« *Protokollberichtigung des Landgerichts München*

- - - - - - - -

»In § 14 (2) in der Fassung vom 31.05.61 werden die Worte »Sicherung und Besserung« durch die Worte »Besserung und Sicherung« ersetzt.« *Aus einer Novellierung des Unterhaltssicherungsgesetzes im Bundesgesetzblatt I Nummer 22, gefunden auf SPIEGEL online*

- - - - - - - -

»Der Eigentümer des Bienenschwarms darf bei der Verfolgung fremde Grundstücke betreten. Ist der Schwarm in eine fremde nicht besetzte Bienenwohnung eingezogen, so darf der Eigentümer des Schwarmes zum Zwecke des Einfangens die Wohnung öffnen und die Waben herausnehmen oder herausbrechen. Er hat den entstehenden Schaden zu ersetzen.«

§ 962 BGB – Verfolgungsrecht des Eigentümers

- - - - - - - -

»Vereinigen sich ausgezogene Bienenschwärme mehrerer Eigentümer, so werden die Eigentümer, welche ihre Schwärme verfolgt haben, Miteigentümer des eingefangenen Gesamtschwarms; die Anteile bestimmen sich nach der Zahl der verfolgten Schwärme.«

§ 963 – Vereinigung von Bienenschwärmen

- - - - - - - -

Hat eine unbescholtene Verlobte ihrem Verlobten die Beiwohnung gestattet, so kann sie, wenn die Voraussetzungen des § 1298 oder des § 1299 vorliegen, auch wegen des Schadens, der nicht Vermögensschaden ist, eine billige Entschädigung in Geld verlangen.

§1300 BGB; 1998 gestrichen

- - - - - - - -

Verordnung (EWG) Nr. 1677/88 der Kommission vom 15. Juni 1988
zur Festsetzung von Qualitätsnormen für Gurken
(Amtsblatt der Europäischen Gemeinschaften Nr. L 150 vom
16. 06. 1988), abgeschafft 2009:

ii) Klasse I – Gurken dieser Klasse müssen von guter Qualität
   sein.

Sie müssen:

– genügend entwickelt sein,
– ziemlich gut geformt und praktisch gerade sein (maximale
  Krümmung: 10 mm auf 10 cm Länge der Gurke).

Sie dürfen folgende Fehler aufweisen:

– einen leichten Formfehler, der jedoch nicht auf die Samen–
  entwicklung zurückzuführen sein darf,
– eine geringe Abweichung in der Färbung, insbesondere eine
  hellere Färbung des Teils der Gurke, der während des Wachs–
  tums mit dem Boden in Berührung war,
– leichte Schalenfehler, die auf Reibung, Hantierung oder niedrige
  Temperaturen zurückzuführen sind, sofern sie vernarbt sind
  und die Haltbarkeit des Erzeugnisses nicht beeinträchtigen.

– – – – – – – –

»Das Bundesgesundheitsamt hat davor
gewarnt, Kondome ohne amtliche Prüfnum-
mer zu benutzen. Die amtlich beglaubigten
Kondome tragen in Deutschland auf der
Verpackung und auf ihrer Versiegelung die
Zulassungsnummer. Die EG-Norm für
Präservative ist jedoch zur Zeit umstritten.
So legte Norwegen Protest gegen die zu

geringe Größe des Euro-Kondoms ein. Die Skandinavier begründeten ihren Protest damit, dass Nordeuropäer im Schnitt größer seien als Südeuropäer. Das betreffe auch die Geschlechtsteile.« *MDR 1 Radio Sachsen*

Kleines Lexikon
der Beamtensprache

abflusswirksame Flächen z. B. Wiesen

Abstandseinhaltungserfassungsvorrichtung Querstreifen auf der Fahrbahn

atmosphärische Einwirkungen z. B. Regen, Schnee, Frost

Ausreisezentrum Abschiebelager

Bagatellgastronomie wenn der Friseur den Kunden Kaffee serviert

Bemessungsgrundlage Basis der Berechnung

Besicherung erlaubt einem Gläubiger Zugriff auf das Sicherungsgut ...

der Verunfallte das Unfallopfer

Dienstaufwandsentschädigung Geld für Beamte

Entbuschungsmaßnahme das Entfernen von Büschen

entwenden stehlen

Erholzeitfläche Wiese im Park?

Gefahrbaumfällungsgenehmigung Erlaubnis, störendes Großgrün zu beseitigen

Gehäusekosten die Betriebskosten (ohne Personal)

geldwerter Vorteil der Wert einer nicht finanziellen Zuwendung

Gelegenheitsverkehr kein Spontansex, sondern Taxi oder Mietwagen fahren

Grundstücksentwässerungsanlage Regenrinne

Grüngutsammelplatz öffentlicher Komposthaufen oder so

Inverkehrbringung etwas verteilen, verbreiten

Kindeswohlgefährdung Kind in Gefahr

Laufbahnbefähigung kann Bleistifte spitzen und Papier lochen

Materialtransport im freien Fall z. B. auf einer Baustelle Schutt, der

aus dem Fenster geworfen
wird

Namenseinheit zwei, z. B. Mutter
und Kind, haben denselben
Nachnamen

Personenkreis eine bestimmte
Gruppe Menschen

rechtsaufsichtliche Würdigung
Juristen haben das letzte Wort
**Restmüllbeseitigungsbehälterentlee-
rung** die schwarze Tonne leer
machen

Sachbezugswert, amtlicher der
finanzielle Wert z. B. eines
Dienstwagens oder einer kos-
tenlosen Wohnung für die
Steuerbehörde
**Sachenrechtsdurchführungsverord-
nung** Titel eines Beamten-
ergusses

Trübwasser führende Geländefurche
Graben

Unterlassungsgewahrsam wenn
Demonstranten vorsorglich
eingesperrt werden

Waldsaumpflege Forstarbeiten am
Waldrand
Wasserversorgungseinrichtung
Wasserwerk
Wegeeigentum das Recht, einen
Weg zu benutzen
Weggang Abschied, jemand geht

Zugzielanzeiger die Anzeigetafel
im Bahnhof in Bundesbahn-
Deutsch
Zuwendung keine Liebe, sondern
eine Zahlung

Echt oder auch nicht schlecht? Volksdichtung im Bürokratenstil

Wie nahe Wirklichkeit und Satire beieinanderliegen, zeigt sich, wenn scherzhafte kreative Sprachgebilde für bare Münze genommen werden. Der Klassiker:

> *Der Wertsack ist ein Beutel, der aufgrund seiner besonderen Verwendung im Postbeförderungsdienst nicht Wertbeutel, sondern Wertsack genannt wird, weil sein Inhalt aus mehreren Wertbeuteln besteht, die in den Wertsack nicht verbeutelt, sondern versackt werden.*

Es kursieren mittlerweile mehrere kreativ überarbeitete Versionen, als Quelle wird vielfach angegeben: *Aus dem Merkblatt der Deutschen Bundespost zum Paragraphen 49 der »Allgemeinen Dienstordnung«* 1972 – und das glaubt auch fast jeder. Schließlich sind wir Kummer mit dem Bürokratendeutsch gewohnt. Und daher wissen auch nur wenige, dass der Text aus der Feder des Schriftstellers und Poeten Wolf Wondratscheck stammt.[1]

Doch der normale Bürger steht dem Schriftsteller in keiner Weise nach. Die folgenden Texte sind sozusagen Volksgut – über ihre Urheber erfährt man nur wenig:

---

[1] »Früher begann der Tag mit einer Schusswunde«, München: Carl Hanser Verlag, 9. Auflage 1978, »Bundespost«, S. 70.

Aus der Klobenutzungsverordnung

»§ 8 Reinigung des Rektums: Der dafür vorgesehenen Vorrichtung sind Reinigungsfähnchen (14 × 10 cm, einlagig) in ausreichender Stückzahl, höchstens jedoch fünf, zu entnehmen. Das Reinigungsfähnchen wird mit dem Daumen und Zeigefinger der rechten Hand erfasst und von hinten der Reinigungszone, das ist der Bereich zwischen den Gesäßbacken, zugeführt. Das Reinigungsfähnchen wird unmittelbar vor den äußeren Geschlechtsorganen fest an den Körper gedrückt und mit einer ziehenden Bewegung bis unmittelbar vor das Steißbein geführt. Dieser Vorgang wird solange wiederholt, bis mindestens ein Blatt sauber erscheint, sofern dazu nicht die Verwendung von mehr als fünf Reinigungsfähnchen erforderlich ist. Im Bedarfsfall sind die Reinigungsfähnchen beidseitig zu benutzen. Die benutzten Reinigungsfähnchen dürfen nicht mitgenommen werden, sondern sind ebenfalls in das Porzellanbecken zu entsorgen.« *Amtliche Verordnung zur Benutzung eines WC, Gesetz- und Verordnungsblatt für das Land Sachsen-Anhalt, 4. Jahrgang, ausgegeben in Magdeburg am 1. April 1993, Nummer 15 Benutzungsordnung für Aborte (BoA); man beachte das Datum*

Wer schneller schießt, ist später tot ...

Auch die Dienstvorschriften der Bundeswehr, die dem ge-
meinen Soldaten wichtige Hilfestellung im Gelände geben, sind eine Betrachtung wert. Schließlich sollte ein jeder wissen, womit im Ernstfall zu rechnen ist ...

→ Beim Einbruch der Dämmerung ist mit zunehmender
  Dunkelheit zu rechnen.
→ Bei Schnee und Frost ist mit auftretender Kälte zu rech-
  nen.
→ Beim Durchqueren von Gewässern ist mit Feuchtigkeit
  zu rechnen. Ab einem Wasserstand von 1,20 m beginnt
  der Soldat selbstständig mit Schwimmbewegungen.
  Die Grußpflicht entfällt hierbei.
→ Am Ende des Baumes hört der Soldat selbstständig mit
  den Kletterbewegungen auf.
→ Nach dem Einsatz von Atomsprengkörpern kann das
  Gelände sehr stark verändert sein. Das Zurechtfinden
  wird dadurch erschwert.
→ Den Feuerkampf gewinnt, wer schneller schießt und
  besser trifft.
→ Ein toter Soldat hat viel von seiner Gefährlichkeit ver-
  loren.
→ Der Tod eines Soldaten kennzeichnet den höchsten
  Grad der Dienstunfähigkeit.

Hauptsache, Fremdwort!

Fremdwörter sind zugleich ach so fremd und doch so vertraut – könnte man meinen. Nirgendwo sonst bieten sich derart exotische Bedeutungsveränderungen und phantasievolle Interpretationsmöglichkeiten wie bei den aus fremder Zunge entlehnten Begriffen, für die man vielfach auch ein deutsches Synonym (!) verwenden könnte.

Der Gebrauch von Fremdwörtern gibt uns zudem Aufschluss darüber, wie gebildet der Sprecher ist – oder wie eingebildet. Schließlich kann nicht jeder ...

... das große Latrinum haben.

Die Koniferen der deutschen Sprache

Klar, dass Fremdwörter auch in den Medien beliebt sind, bedienen sich doch vor allem die Wissenschaften der lateinischen Sprache. Wer immer sich den Anstrich des Seriösen geben will, entlehnt daher frisch und frei Wörter lateinischer oder griechischer Herkunft. Auch das Französische erfreut sich großer Beliebtheit, umgibt den Frankophilen doch ein Hauch von Bohème.

→ Das vorausfahrende Auto hat korrupt abgebremst.
→ Das war eine Syphilisarbeit!
→ Der demagogische Wandel stellt in Deutschland ein echtes Problem dar.
→ ein Exempel stationieren
→ eine Rezession schreiben
→ emotionale Gefühle haben
→ Er hat die Wohnung renommiert.
→ Er ist eine Konifere auf seinem Gebiet.
→ Er streckte alle vier Exkremente von sich.
→ etwas aufs Trapez bringen
→ Ganz Frankreich ist in Appartements aufgeteilt.
→ gastronomische Preise haben
→ jemandem aus der Bretagne helfen
→ karikative Zwecke
→ Manche Schädlinge sind renitent gegen Gifte.
→ ökonomischer Gottesdienst
→ Robo sapiens, der moderne Mensch
→ sich irgendwie rauslamentieren

→ von kräftiger Institution
→ wie eine Hygiene über jemanden herfallen
→ Mit deinen ewigen Fremdwörtern kannst du mir gar nicht imprägnieren!

Kicker in der Fremdwortkrise

... sind übrigens unsere Fußballgrößen. Sie leisten wirklich Erstaunliches – sowohl die Funktionäre und Trainer als auch die aktiven Kicker. Da sage mal noch einer, unsere Jungs hätten außer Fußball nichts im Kopf!

»Die ersten zehn Minuten wirkte die Mannschaft wie parallelisiert.«
Tom Bender, Mitglied des Vorstands des DFB, im Interview mit Lothar Matthäus/Premiere

- - - - - - - -

»Ja, der FC Tirol hat eine Obduktion auf mich.« *Peter Pacult, Trainer von 1860 München*

- - - - - - - -

»Wir haben uns heute sehr gut aus der Atmosphäre gezogen.« *Wolfgang Wolf*

- - - - - - - -

»Wir müssen gewinnen, alles andere ist primär.« *Hans Krankl*

- - - - - - - -

»Wir haben ein Abstimmungsproblem –
das müssen wir automatisieren.« *Berti Vogts*

- - - - - - - -

»Da gehe ich mit Ihnen ganz chloroform.«
Bundestrainer Helmut Schön

- - - - - - - -

»Das wird alles von den Medien hoch-
sterilisiert.« *Bruno Labbadia*

- - - - - - - -

»Die Sanitäter haben mir sofort eine
Invasion gelegt.« *Fritz Walter, VfB Stuttgart*

- - - - - - - -

»Ich habe ihn nur ganz leicht retuschiert.«
Olaf Thon

- - - - - - - -

»Ich bin körperlich und physisch topfit.«
Thomas Häßler

- - - - - - - -

»Im Mittelfeld gibt es eine Konservation
von Spielern.« *Günter Netzer*

- - - - - - - -

»Eine gefährliche Parabole aufs Tor.«
Karl-Heinz Rummenigge

Was er damit gemeint haben mag, weiß der Himmel.
Aber so sind sie, unsere Kicker, kryptisch wie Kant oder
Heidegger …

Denglisch – und das auch noch falsch

Was wäre die deutsche Sprache ohne Denglisch? Arm und ohne wirkliche Höhepunkte wäre sie. Wie langweilig klingt doch *Haarspülung*, und um wie viel aufgewerteter hört sich dagegen das Produkt *Conditioner* an? Ist es nicht, als würde die Ware auf eine wundervolle Weise durch das Englische veredelt? Das weiß man inzwischen auch in den Ministerien. Wie lächerlich klingt *Mädchentag* neben dem vom Bundesarbeitsministerium geadelten Begriff *Girl's Day*. Und wäre es nicht auch an der Zeit, den farblosen, stillen Feiertag kurz vor Ostern mit der schönen denglischen Bezeichnung *Car-Friday* zu benennen?

Denglisch kommt *cool* rüber, ist *trendy*, *performt* einfach besser. Man kann sprachlich *easy* und *chillig* durch die Gegend *cruisen* und *checken*, was gemeint ist, tut in unserer *high-intelligence scene* bis auf die paar *loser* aus dem *Education-Basement* doch ohnehin *everybody*. Oder?

Offensichtlich und leicht zu entlarven sind:

→ Chanel Manager
→ Driving Ranch (Golf)
→ Endspiel in der Super Bowle

→ Foot-Bereich (im Kaufhaus)
→ Ich bitte um ein Feetback.
→ Pool-Position
→ Mountenbike (Schreibweise bei eBay)

Schwieriger wird es beim *body bag*. Im Englischen ist das nämlich keine am Körper getragene Tasche, sondern ein Leichensack. Um beim Thema zu bleiben: Das beliebte ...

→ public viewing

... bedeutet in England *öffentliche Leichenaufbahrung*.

Aus dem finsteren Land der hohlen Phrasen

Addiert man zu den einzelnen Wörtern der deutschen Sprache noch all die Lehns- und Fremdwörter sowie das kaum mehr wegzudenkende Denglisch hinzu, kommt man auf eine stattliche Anzahl von Begriffen. Und dennoch: Einschlägige Quellen belegen, dass das Sprachrepertoire unserer Journalisten auf erschreckende Weise begrenzt ist. Offenbar bedient sich die schreibende Zunft an einer Art verbalem Werkzeugkasten mit immer denselben Bohrern, Hämmern und Zangen, mit deren Hilfe jede sprachliche Situation gemeistert werden muss. Dass das nicht gelingen kann und Leser, Zuhörer wie auch Zuschauer geradezu einschläfert, dürfte auf der Hand liegen. Manch einer mag glauben, die aufziehende Langeweile liege am Inhalt der ewig gleichen Nachrichten. Doch selbst Themen, die von breitem Interesse sein dürften, wie ein drohender Weltuntergang, kann man mit den besagten Werkzeugen jeglicher Spannung berauben. IM FOLGENDEN TEXT SIND DIE ALLSEITS BELIEBTEN PHRASE JEWEILS MARKIERT.

Eine ausführliche Prüfung durch Experten ergab, dass der Planet Erde sein Haltbarkeitsdatum bereits überschritten hat. Wie aus gewöhnlich gut unterrichteten Kreisen bekannt wurde, muss daher am kommenden Wochenende mit dem Weltende gerechnet werden. Nach Aussage des Bundesumweltministeriums wird allerdings zu keinem Zeitpunkt eine Gefahr für die Bevölkerung bestehen. Die Bundeskanzlerin hat diesen Schritt des Weltenschöpfers dennoch scharf kritisiert, wohingegen dessen Pressesprecher anmerkte, dieser Entschluss sei keine leichte Entscheidung gewesen, doch müsse das Unternehmen Erde dringend umstrukturiert und den Gegebenheiten des Marktes angepasst werden, auch wenn dies tiefe Einschnitte für die Belegschaft bedeute. Außerdem müsse man Antworten auf zahlreiche ungeklärte Fragen finden. Ein positives Fazit hat der Geschäftsführer des Unternehmenskonzerns, ein gewisser Satan, gezogen, und es wird damit gerechnet, dass der Vorgang enorme Werte in die Kassen seines Unternehmens spülen wird. Bisher arbeitete dieser Unternehmensteil ineffektiv, man hoffe auf Synergien. Das Bundesausländeramt versicherte, dass sich aller Wahrscheinlichkeit nach unter den Toten keine Deutschen befinden.

Der Versprecher–
Baukasten

Dreher, Vertauschungen und Vermischungen bringen schon auf der Wortebene Spaß in die Sprache. Der Sprachwissenschaftler, speziell der Phonetiker, spräche wahrscheinlich von einer willentlichen Metathese, womit die Umstellung von Lauten oder Lautsegmenten gemeint ist. Manchmal kippt der Sinn ganz unwissenschaftlich aber auch schon beim Austausch von nur zwei Buchstaben, wie zum Beispiel bei Zeichenlehrer und dem Leichenzehrer. Oft aber wirken die neu entstandenen Kunstworte merkwürdig alltäglich auf uns, als kämen sie aus einer ähnlich klingenden, mit der unseren verwandten Sprache. Doch irgendetwas Rätselhaftes hindert uns am tatsächlichen Verstehen …

→ Schmalzherz statt Halsschmerz
→ Pimpernuckel statt Pumpernickel
→ Laschentampe statt Taschenlampe
→ Kotztröpfchen statt Trotzköpfchen

So mird es gewacht

Fängt man erst einmal an, willentlich Wörter zu verdrehen und dabei neue zu erschaffen, kann man so leicht nicht wieder aufhören. Dann helfen Begriffe wie Hundehalter, Riesenroß oder Doppeldecker, aus dem Labyrinth der verdrehten Wörter hinauszufinden.

Versuchen Sie es doch einmal selbst:

→ Saubstauger, Schartengere, Samendauna, Fatzenkutter, Lamschippen, Lohräppchen
→ Feckspalte, Schottolein, Wuttermitz, Passenmanik, Genfsurke, Blokürste ...
→ Wienstdeg, Winterhältler, Mexsaschine, Bauerdrenner
→ Pergzwudel statt ...?
→ Und nicht zu vergessen der Sestbeller ...

Jetzt wissen Sie auch, worauf der Autor dieses Buches aus ist.

Vielleicht möchten Sie das Verdrehspiel auch mit zwei Wörtern versuchen:

→ hilde Worde, drüner Gaumen, schneiße Hecke, hunger Jüpfer, der veilige Hater auf dem steiligen Huhl, mauer Blontag, gumme Dans, hechender Sprund ...

Der Könner allerdings verschwurbelt gleich in der ganzen Phrase:

→ auf einen gemeinsamen Zweig kommen
→ böse Miene zum guten Spiel machen
→ das eigene Schnäppchen ins Trockene bringen
→ eine lebensähnliche Gemeinschaft führen
→ den gemeinsten kleidsamen Nenner
→ sich etwas aus den Haaren saugen
→ sich Haare aus dem Etwas saugen
→ Unter den Einbeinigen ist der Blinde König.
→ Unter den Blinden ist der Einbeinige König.
→ Unter den Königen ist der Einbeinige blind …
→ schlafende Hühner wecken

Apropos Hühner:

Kentucky schreit Ficken! *RTL Samstag Nacht*

Erdbeerbohle mit Pharmaschinken

Doch nicht nur Versprecher, sondern auch kleine Verschreiber können tückisch sein. Manchmal ist es nur ein einzelner Buchstabe oder auch zwei, die verdreht, vertauscht, vergessen werden – und heraus kommt der reinste Unsinn, vielfach zu finden im Internet. Die angegebenen Adressen sind nur Einzelbeispiele – jede Suchmaschine findet zu den genannten Fällen zumindest Dutzende weitere. Apropos Dutzende:

→ Duzende Tote
  http://de.euronews.net/2011/03/28/jemen-duzende-tote-bei-explosion-in-munitionsfabrik

→ Cheyenne-Pfeffer
  http://www.studentenkochbuch.net/rezept.php?rez=73

→ Erdbeerbohle
  http://www.chefkoch.de/forum/2,2,215018/Tyupisch-deutscher-Drink-oder-Cocktail.html

→ Euternasie
  http://www.ioff.de/archive/index.php/t-85164.html

→ gefühlte Paprika
  http://www.kochmeister.com/s/gef%FChlte+paprika

→ Gordon Blue
  http://www.chefkoch.de/rs/so/gordon+bleu/Rezepte.html

→ Minsterpräsident
  http://www.modern-guerilla.de/195/der-goldene-polizeiknueppel-fuer-minsterpraesident-mappus

→ Osterwochende
http://www.watersport.at/sail-surf/specials/osterwochende

→ Pharmaschinken
http://www.kochmeister.com/s/Pharmaschinken+San+Daniele

→ Schnitzel mit Champions
http://www.chefkoch.de/rs/s0/rahm+-champions-schnitzel/Rezep-te.html

→ Schrotplatz
http://www.cosmiq.de/qa/show/2425921/wie-viel-kostet-Metal-vom-Schrotplatz/

→ strafende Antifaltencreme
https://www.parfuemerie-pieper.de/shop/straffende-anti-falten-creme.html

Hauptstadt oder Videothek?

Das Gefährliche an unserer Sprache ist, dass sie auf vielen Ebenen Möglichkeiten bietet, Fehler zu machen. Nicht nur Versprecher, falsche Wortwahl, grammatikalisch falsche Bezüge oder Rechtschreibprobleme sorgen für allgemeine Erheiterung. Oft macht eben auch der Ton die Musik, und Winzigkeiten in der Betonung einer Silbe können einen ganzen Sachverhalt verdrehen. Wird die Stimme an der falschen Stelle gehoben oder gesenkt, weiß der Zuhörer: Da hat jemand etwas nicht so ganz verstanden ...

Monte**video** oder Montevi**deo**?
Ersteres könnte ein bisher unbekanntes Bergmassiv oder eine kreativ titulierte Videothek sein, Letzteres ist die Hauptstadt Uruguays. Mal ernsthaft gefragt: Muss das eine junge Moderatorin eines öffentlich-rechtlichen TV-Senders wissen? Wir meinen eindeutig: Ja. Aber die viel beschäftigte Berufsgruppe der Moderatoren sagt eben auch unentwegt *krähativ*, wenn sie eigentlich *kreativ* meint.

Endgeld oder Entgelt?

Wie denn nun? **End**geld oder Ent**gelt**? Staubtrockene Berichte über Tarifverhandlungen und sonstige gewerkschaftliche Aktivitäten gewinnen durch die fehlende sprachliche Bildung jüngerer Medienschaffender neuerdings eine ausgesprochen komische Komponente. Besonders beliebt bei Menschen, die vermutlich freie Mitarbeiter sind und deswegen keinen Lohn, sondern nur (völlig überhöhte) Honorare beziehen, ist das EnDgeld. Das hört sich doch logisch an: Am Monatsende bekommt der Arbeitnehmer für die geleistete Arbeit Geld, ebendas Endgeld. Würde er es am Monatsanfang erhalten, hieße es vermutlich Anfangsgeld, aber wie man ja weiß, können Proleten nicht wirtschaften. Deshalb eben Endgeld. Oder doch nicht? Es bleibt zu hoffen, dass die neuesten Mitglieder der Medienblase eines Tages bemerken, dass es da ein Verb *entgelten* gibt, das sie weder gekannt noch jemals gebraucht haben.

Das Q—Wort

Kaum ein Wort unter allen Wörtern scheint eine derartige Anziehung auf schreibende und viel sprechende Menschen auszuüben wie das Wort *Quartier*. Lange Zeit nur im Gebrauch als Bezeichnung für ein Nachtlager, zum Beispiel eines Wanderers, kam irgendjemand auf die Idee, dieses Wort analog zum französischen *quartier* wie zum Beispiel in *quartier latin* als Synonym für die Worte Stadtteil, Viertel, Stadtviertel, Wohnbereich, Siedlung oder Wohngegend so vermehrt einzusetzen, als gäbe es kein Morgen mehr. Das geschah nicht wie sonst in der Not des deutschen Journalisten, über keine weitere Synonymlösung zu verfügen, sondern aus reiner Lust am Wort Quartier, wahrscheinlich motiviert durch den quakenden Anlaut. Wie sonst wäre es zu erklären, dass manche Redner oder Schreiber das Wort so exzessiv gebrauchen? Zu den Spitzenkräften im Quartierswesen gehört Dr. Olaf Schnur, Stadtgeograf an der Universität Tübingen, der in seiner Untersuchung zur »**Quartier**sentwicklung 2030« ohne das Wort Quartier wahrscheinlich völlig aufgeschmissen gewesen wäre. So formulierte er in einem Interview in der DLF-Sendung *Reiche im Zentrum, Arme am Stadtrand?* am 21. April 2011 ganz opulent:

»Es gibt **Quartiere**, die in der Gründerzeit entstanden sind; also **Quartiere** aus der Zeit der Industrialisierung mit Altbausubstanz, häufig innerstädtisch gelegen, dann gibt es **Quartiere**, die eher dem Reformwohnungsbau zu-

zurechnen sind, gartenstadtähnliche **Quartiere**. **Quartiere**, die nach dem Zweiten Weltkrieg im Wiederaufbau entstanden sind, mit schlechter Bausubstanz, in Zeilenbauweise ... die Großsiedlungen im Westen und im Osten, Plattenbaugebiete. ... Am Stadtrand, das sind die Einfamilienhaus**quartiere**. Und dann so Besonderheiten, überprägte Dorfkerne an den Stadträndern oder Investment**quartiere** seit den 90er-Jahren.«

In diesem Themenkreis ist allerdings das Q-Wort mitnichten das einzige, von Wiederholungstätern totgerittene Buchstabengebilde. Schließlich gibt es da noch den **Kiez**. Irgendetwas Unsittliches oder gefährlich Infektiöses muss es mit den Synonymen Stadtteil, Viertel, Stadtviertel, Wohnbereich, Siedlung, Wohngegend und ja, auch Quartier wohl auf sich haben. Mittlerweile ist der im Nordosten Deutschlands und in Berlin beheimatete Begriff in den Labertaschen von deutschen Journalisten sogar ins tiefste Bayern verschleppt worden und wird wohl irgendwann auch in Wladiwostok angekommen sein. Schließlich sollen der Kräh-ativität keinerlei Grenzen gesetzt sein.

Neue Tücken und gewaltige Aufgaben

So etwas könnte mir ja nie passieren, dachte sich der Geschichtslehrer und verewigte sich dann in der folgenden Unterrichtsstunde mit dem geradezu epischen Satz:

> »In der Regel trugen die Germanen
> rote Bärte«

für alle Zeiten in der finstersten Kulturgeschichte der Menschheit. Vorsicht also, der blitzartig keimende Samen der Stilblüte liegt vielerorts versteckt, Gefahren für die korrekte Sprache lauern überall.

Zum Beispiel in der Technik: Während wir früher unsere Fehler noch per Hand oder bestenfalls tippend niederschreiben mussten, können wir heute am Computer sogar die Spracheingabe nutzen. Aber Achtung: Die superintelligente Textverarbeitung korrigiert zwar unsere Rechtschreibung, aber in Sachen Sinn und Unsinn kann uns der Computer wenig helfen. Im Gegenteil, wenn der Autor seinen Text ins Gerät spricht, entstehen in Orthografie und Grammatik einwandfreie, aber dennoch skurrile Produkte:

»Dem angeschuldigten Arschloch ist ein
Pflichtverteidiger zu bestellen.«

Diesen Satz fand ein Augsburger Bürger in einer Anklage-
schrift. Der verantwortliche Staatsanwalt, dem die Sache
natürlich mehr als peinlich war, vermutete, dass die digi-
tale Spracheingabe für diesen besonderen Titel verant-
wortlich sein könnte, wie die *Augsburger Allgemeine* 2008
berichtete.

Üble Sprachverdreher produzieren auch Online-Überset-
zer. Dieser Text stammt zum Beispiel aus einer Spam-
Mail:

*Erster Tag: Geschlechtfilmhandeln. 1000 Leute bieten Ihnen
neue große Filme an, um zweiten Tag zu downloaden: tref-
fen Sie unsere 3 reizvollen Phasenmädchen. Zeit aus 30 Minuten. Dritter Tag: Weltpics-Handeln. Wenn Sie nicht pics
zum Handeln haben, erhalten Sie viel von anderen Bautei-
len.*

Trotz all der Tücken dürfen wir nicht aufgeben. Der Du-
den, die Medien, alle Sprachwissenschaftler und natürlich
auch der Autor dieses Buches streiten Seite an Seite für
das korrekte Deutsch. Diese kämpferische Haltung schul-
den wir unseren Großeltern und Eltern, die uns unsere
Muttersprache lehrten, unseren Lehrern und überhaupt
unserer Hoch- und Leitkultur – und natürlich auch den
Generationen nach uns, denn wie es der berühmte Päda-
goge und Sprachwissenschaftler Edmund Stoiber aus-
drückte:

»Wir müssen den Kindern mehr Deutsch
lernen.« *Politischer Aschermittwoch 2002,
zit. n. taz v. 14. 2. 2002, S. 1*

»Am Ende war dann alles vorbei.«
Südwest Presse, Ulm

Florian Bredl

Kunden aus der Hölle

Irrsinniges aus der Service-Welt.
160 Seiten. Piper Taschenbuch

Unfreundlich, unverschämt, nervig, dumm oder schlicht verrückt? Jeder Verkäufer, Berater und Callcentertelefonist kennt sie: Kunden aus der Hölle. Ihre Mission: unnütze Arbeit verursachen, Zeit stehlen, Nerven rauben. Ihre Methoden: Zermürbung, Verwirrung, Fragefolter. Das einzige Gegenmittel: Lachen. Das erste Buch, das den Irrsinn der Service-Welt aus der Sicht der Leidtragenden schildert.

Bastian Bielendorfer

Lehrerkind

Lebenslänglich Pausenhof.
304 Seiten. Piper Taschenbuch

Was wird aus einem Menschen, wenn Mama und Papa Lehrer an der eigenen Schule sind – und somit an jedem Tag im Jahr Elternsprechtag ist, die Mitschüler einen zum Daueropfer ernennen und es bei den Bundesjugendspielen nicht einmal für eine Teilnehmerurkunde reicht? Genau: Er wird selbst Lehrer! Mit gnadenloser Selbstironie schildert Bastian Bielendorfer, wie er der pädagogischen Sippenhaft zu entrinnen versucht, und verrät dabei, welch zarte Seele sich unter so manchem grob gehäkelten Mathelehrerpullunder verbirgt.